JN438089

달력의 이면

문학공원 시선 155

달력의 이면

김면희 시집

소중한 사람에게 전하는 한 권의 시집

인생살이는 쳇바퀴 돌 듯 그 자리에서 맴돌지만
세월을 쪼개어 되새겨 보면
가느다란 그 초침 위에 소중한 사람과 마주하고 있다

문학공원

시집을 내며

수선화처럼 살고 싶어

정말 잘못했습니다
회개하며
열 번 스무 번 무릎 꿇고
자복하며 용서를 빌 때
봄은 봄이다

키 작은 나를 보고서도
재미있다 깔깔대지만
제 키가 얼마나 작은지
수선화는 알지 못한다

탁하고 마른나무
가지마다 잎눈 꽃눈은 열리고
마른 땅에서 수선화 꽃대궁
나도 물먹은 붓끝을 불쑥
밀어 올릴 것이다

2019년 여름

김면희

차 례

1부. 길을 찾다

2부. 커피와 마주하는 아침

차 례

3부. 시간은 물처럼

4부. 기도하는 여인

1부

길을 찾다

오월은 종합선물세트

오월은 꿈의 종합선물세트다
꽃과 풀과 바람과 어린이와 꿈이
서른한 개나 들어있는 오월선물세트
어린이들은 연두색으로 같아 입은 풀꽃 같다
싱그러움으로 가득한 어린이 같은 봄
어린생명들이 대한민국 이끌 수 있는 인재들이라
상상하니 저절로 몸이 들썩인다
주렁주렁 달려 있는 오월의 선물들
연두색 풀잎 사이에 주렁주렁 선물이 매달려 있다
오월이란 서른한 개의 밭에는
어린이가 보이고 어버이가 보이고
스승이 보이고 행복한 가정이 보인다
꽃바구니 속에 시 한 편이
싱그러운 미소를 날린다
신록을 바라보며 살아있다는
사실이 참으로 즐겁다

나무에게 배우다

산을 오른다
나무들이 자신을 키우는 모습이 대견하다
옛적에 시골에서 산을 관리하는 작업을 한 적이 있다
어린 마음이 지금까지 머리 한구석에서 그림을 그리고 있다
넓은 동산에 밤나무를 심어놓고 관심 가지고 키웠다
지금은 나무의 주인은 보이지 않고
산등성이를 밤으로 전시회를 하고 있다
그 사람은 지금 없지만 길손들에게 아름다운 작품을 남겨 주었다
나는 23년 전 은행나무 한 개를 심었다
늘 물주고 약 주고 영양제를 주면서 관심 있게 키웠다
맏손녀 시집갈 때 장롱 짜주는 것이 목표였다
손녀도 나무도 많이 자랐다
나무뿌리가 뻗어서 지하실까지 걸어가고 있다
보이지 않는 땅속에서 자기 역할을 열심히 하고 있는 나무
나도 너처럼 내 자리를 잘 지키고 싶다

전철 타기

전철은 시간을 잘 지킨다
전철은 수학 공식을 잘 푼다
전철은 심사를 거치지 않으면 절대 통과하지 않는다
전철은 간지럼을 펴도 문질러도 웃지도 않는다
전철은 한 번 타면 목적지까지 인도한다
전철은 경로석을 통해서 우리를 슬프게 한다
전철은 때로는 편하기도 하다
전철은 경로권을 받는 날부터 인생은 시들어간다
전철은 여러 가지 인격적인 인연이다
전철은 그 동안 보지 못했던 풍경들을 보게 한다

전철은 농사짓던 어머니의 전철을 밟지 않게 한다

훈민정음 덕분에

나는 일 년에 한 번쯤은 외국 여행을 한다
작년에는 2주간 미국 여행을 했다
미국 사람들은 절대 한국말을 못한다
아예 알아듣지도 못한다
그런데 요즘은 달라졌다
한국어과를 개설한 대학교가 늘고 있다고 한다
한국학과는 정원이 130명인데 응모자가 1412명이나 돼
입시 경쟁률이 10대 1을 웃돈다고 한다

한글날, 휴일이라 여유 있게 신문을 읽는다
신문에 한국어가 전 세계적으로 인기가 있단다
요즘 프랑스 젊은이들 사이에선
한국말을 할 줄 알아야 멋지다고 생각한단다

한국어가 글로벌한 이유는 이디에 있을까
스포츠 선수들 덕분일까
아니면 살기 좋은 나라 덕분일까
한글을 창제하신 세종대왕 덕분이다
백성을 가르치는 바른 소리
훈민정음이 자랑스럽다

칠판

나는 방학 내내 입을 열지 않고 기다리고 있었다
사람들은 나의 말을 잘 받아적는다
나는 옷이 여러 벌이다
초등학교 시절에는 검정색 옷을 입고 살았다
그러다 중학교 시절에는 파란 색 옷을 즐겨 입었다
그리고 지금은 흰 옷을 좋아한다
나는 늘 문제와 답을 준다
나는 매우 넓은 가슴을 지녔다
그래서 사랑한다며 간지럼을 피워도 나는 웃지 않는다
학생들은 2월만 되면 내 곁을 떠나간다
나는 그들이 떠나갈 때마다 극심한 외로움을 앓는다
그렇지만 그들이 훌륭히 자라서
또다시 나를 찾을 것을 잘 알고 있다

안녕, 잘 가 친구들아
너희들도 내가 생각날 거야
오래오래 있다가 또 만나자

쌀밥

우리는 쌀의 웃음소리가 가득한 들판을
꿈에서도 잊을 수 없다
농부들의 발자국소리를 먹고 영근다는 쌀
그 정성이 고스란히 쌓여 우리 밥솥으로 들어왔다
피가 되고 살이 되고 뼈가 되는 하얀 쌀
엄마의 마음으로 오늘도 밥을 안친다
뜸 들이는 기다림으로 식탁을 준비한다
적은 양의 쌀이 불어서 많은 양의 밥이 되듯
적은 분량의 사랑으로 나눌수록 넘쳐나길 바래본다
배추김치와 꽁치찌개로 밥 한 그릇 뚝딱 밀어 넣으며
내게 주어진 하루를 시작한다

춤추는 탑

어쩌다가 민요무대에 서게 돼
한복을 구입하고자 동대문시장에 갔다
한복을 맞추고 시장 입구를 나오는 중에
탑이 춤추듯 걸어간다 5층탑이다
좁은 시장 골목을 배달 나가는 아주머니
머리에 인 쟁반이 탑을 이루었다
아슬아슬 무너질 듯 양은쟁반 옥개석 아래
사리함 같은 스텐 그릇엔 밥알이 사리로 담겼다
저보다 공든 탑이 어디 있겠는가
한 층씩 헐어서 밥 먹는 시장 사람들
채소 심고 벼 심는 농부들의 땀과
고기 잡고 김 파래 말리는 어부들의 땀과
숟가락 젓가락에 쟁반 그릇 만드는 노동자들의 땀이
고스란히 쌓고 쌓여 탑을 이루었다
양은쟁반 옥개석을 5층까지 차곡차곡 포개 얹고
붐비는 시장 골목을 누비는 춤추는 쟁반탑의 주인은
온갖 지혜와 공덕을 쌓은 대한민국의 대표 서민 어머니
우수한 설교보다도 배고픈 중생의 시장기를 달래주는
저 무한한 자비의 5층 쟁반탑 밥사발 속 가득한 사리들로
시장 사람들의 번뇌와 죄악이 소멸된다

어머니 얼른 밭 매고 집으로 오세요
밥상이 고향 들 밭둑의 어머니를 부르고 있다

등록금과 김치

가난한 시절 한 푼 두 푼 모아 통장에 저축했다
하루에 한 번씩 통장을 보면서 내 자신이 흐뭇했다
갑자기 어느 학생이 아버지를 일찍 여의고
대학 등록금이 없어 등록을 포기했다는 소리를 들었다
며칠을 고민 끝에 학교에 등록을 해주고 밤잠을 이루지 못했다
돈이 그리워 몸부림쳤다
그때 그 학생 등록금을 안 주었더라면
그 돈이 지금도 내 통장에 있을까
착각이다 철없는 뒷모습이 부끄럽다
어느 해 추운 겨울이었다
너무 가난해서 그 해 김장을 못했다
아이가 감기에 걸려 몹시 시달렸다
엄마의 콩나물국에 김치 먹고 싶다 했다
나는 그 말을 듣고 한밤중에 밖에 나와
하늘만 쳐다봐야 했다
유난히 밝은 달이 나를 힘들게 하였다
우연히 옆집 아주머니를 만나 사실대로 이야기를 했다
얼른 마당에 묻힌 김치 독에서 김치 두 포기를 주신다
나는 쌀 한 가마니보다 더 반가웠다
콩나물국과 김치에 아이의 감기가 물려갔다

그 아주머니 연락처만 안다면
올겨울 그 집 김장을 내가 책임지고 싶다

칼바위 어머니

우리 마을 위에는 칼바위가 있다
동네 중심에 개울이 있고
붕대로 칭칭 감은 100년 된 정자나무 밑에서
장구치고 북치고 떡시루 고사 지내고 푸짐했다
겨울 동안 잠자던 논과 밭두렁 소를 앞세우고
쟁기로 깊이 파 수수심고 콩 심어 알곡을 기대했다
어머니 삼베 적삼 기어 입고 가마솥에 밥을 지어
주머니에 변또를 넣어주셨다
허기진 마음에 뚜껑을 열어보면 반찬은 고추장 이미 비빔밥이 되었다
책 보따리 허리춤에 채우고 집에 오면 밀기울로
개떡 쪄서 등판에 놓으시고 어머니는 일 가시어 보이지 않는다
밤이면 길쌈하여 찔꿍짤꿍 삼베 짜는 소리
장단 맞춰 콧노래 부르시던 우리 어머니

칼바위만 여전히 어머니처럼 그 자리에 서 계신다

서점에서

나는 가끔 교보문고에 간다
들어서면 한꺼번에 쏟아지는 사색의 빛과 고요한 환희
가만히 서서 제목만 먼저 읽어도 행복하다
책을 보는 순간에는 어쩌나 시간이 빨리 가는지
꿀송이 같은 시간이 아쉽기만 하다
바닥에 털썩 주저앉아 책을 보기 시작한다
연애의 기쁨처럼 감동이 올라온다
종이에 새겨진 삶의 이야기들의 새롭게 피어난다
설렘은 자음이 되고 궁금증은 모음이 된다

나의 수필집이 책꽂이에 진열되어 있다
내 책을 바라보는 순간 너무 반갑고 기쁘다
나를 가르친 모든 스승님들께 감사한다

가파도

우리는 가파도 행 배에 몸을 실었다
대정읍 모슬포에서 남쪽으로 좀 떨어져 있는 섬
모슬포와 마라도 중간 지점에 위치하고 있는데
그들이 들어가 살게 되었단다
모슬포 운진항에서 매일 정기선이 왕래한다며
가이드가 열심히 알려준다
해녀들이 미역 해삼 전복 등을 채취하고 있는 모습이 보인다
눈길에 열려있는 해녀들을 볼 때 기쁘기도 아프기도 하다
보리 잎이 절정을 이루며 천지가 푸른색으로 그려진다
바람도 쉬어가고 시간도 멈춘 듯한 평화와 고요의 섬
선사시대의 하늘과 바다
새봄의 정취로 아름답고 소박한 섬 마을
내 가슴에 시가 줄줄이 담긴다

길을 찾다

검단산을 오른다
고랑을 타고 내려오는 개울물 따라 올라가다 보니 검상이다
새들은 산이 좋다는 말을 지지배배라 한다
이 세상이 무너지고 내 영혼이 동산에 묻히면 지금처럼 좋을까
나뭇가지의 잎들이 일제히 내게 부채질을 한다
풍경이 수채화처럼 아름답고 마음에 풍성히 그려진다
옹달샘 물 한 바가지로 허기진 배를 채운다
조금 더 오르니 파란 하늘 아래 병풍이 펼쳐진다
길가의 바위를 바라본다
바위는 언제나 그 자리를 지킨다
나는 엄마의 자리를 며느리의 자리를 아내의 자리를
너처럼 훌륭히 지키지 못했다

길은 잃어도 사람은 잃지 말라 했다
나는 젊음을 잃고 나서야 나의 길을 찾아 나섰다

나는 누구일까

1.

오늘은 경기도 해오름요양원에 선교봉사자로 갔다
노인들과 작별하고 돌아설 때면
마치 신혼초 친정집에 갔다가 시댁으로 돌아가던 때 같다
어머니의 눈물 때문에 발길을 돌리지 못했던
바로 그 심정으로 어르신들을 두고 돌아온다
우리는 모두 늙어서 아버지가 되고 할아버지가 된다
자식들이여
어른 모시는 일 모른다고 하지 말라
젊은 나는 지금의 나이지만
늙은 나는 미래의 나이다
무엇이든지 심는 대로 거두는 것이다

2.

나는 누구일까
자기 자신에게 늘 물어보는 나

모든 일에 충실한가
겸손하게 살았는가
교만하지 않았는가
마음의 소리를 듣고 싶다
왜 마음대로 안 될까

능력이 작아서 안 될 때는
위대하신 신에게 물어보는 때가 많다
나도 능력을 점검해보고 싶다
작은 곳에서도 큰일 할 수 있다는
생각을 마음 판에 그리고 싶다

달력의 이면

미련 없이 후회 없이 당당하게 일어나
내 몸과 정신에게 물어본다
나와의 대화 속에 하루를 만드는 설계자가 되어
먼 미래를 향해 달려간다
인생살이는 쳇바퀴 돌 듯 그 자리에서 맴돌지만
세월을 쪼개어 되새겨 보면
가느다란 그 초침 위에 소중한 사람과 마주하고 있다
나만이 부푼 꿈을 가득 실은 세월의 기차를 타고서
타오를 듯 터질 듯 뜨겁게 달려간다
그러게 매일 새로이 소중한 순간의 가치를 선물하는
시계는 세상에 둘도 없는 나의 친구
어린 때 울던 목소리가 반백의 친구
지금도 떠오르는 어련한 얼굴에 허망한 마음 추스를 길 없다
사랑하고 기뻐하고 슬퍼해도 늘 아쉬움이 남는 숱한 사연들
뒤돌아보면 어느덧 반백의 모자를 쓰고 있다
이제 내 인생의 책이 몇 권인지 가슴에 지닌 채
지난 일들을 작은 추억 속에 묻어버린 채
한 해의 반쯤 지난 달력을 바라본다

칼과 도마

인생살이 싸움과 투쟁과 투쟁이라 말했다
마음속에 밀려오는 어두움과 싸우는 속사람
사랑과 용서로 살아야 하는가
튼튼한 허리띠를 두르고 세상을 이겨나갈 수 있을까
각자 가정이나 세상에 평탄하게 살면
인생은 마음속 깊이 행복을 느끼다
발견하기가 어렵다고 알려 주는 메시지가
아침마다 문 앞에서 나를 기다린다
무덤에 들어갈 직전까지 싸워야 하는가
누구 때문에 용서하는가
영성인가 인성인가
한참 고민에 담겨있다
나는 지난주에 힘들었다
투쟁 속에서 용서하고 생각하니
내가 바보인가 사랑인가 분별하기가 어렵다
남의 것 탐내지 말고 노력해야 한다
일하는 손길에는 반드시 보상이 있다고 상상해본다

살아온 뒷모습
사랑거리가 될 문장을 만들고 싶다
투쟁과 싸움을 만나지 말고 조용히 살고 싶다

치킨의 옷

치킨은
다양한 옷을 입는다

검은 간장으로 만든 옷은
사무실에 출근할 때에

빨간 양념으로 만든
옷은 무대에 설 때에

노오란 치즈로 만든 옷은
봄날에 소풍갈 때에

그러다 집에 오면
아무 옷도 입지 않고

벌거벗은 프라이드가 되어
편히 쉰다

나의 책

지구 섬에 뿌리내린 사람들 중 한 사람
어제의 어제를 건너 내일의 오늘 안에서
한 권의 책으로 남을 하루 일과를 적는다

천금 가진 마음은 빈손 채울 수 없어
하나로 어울리기엔 서러웠던 내 자리
꿈꾸는 세상 한쪽에 울타리를 세웠다

할 수 있는 일이 있어 당당하게 살아도
초라한 그림자에 멈칫멈칫 뒷걸음질
태양에 기대지 않고 홀로 서면 좋았을까

슬픈 사연 기록된 지구 한 페이지에
햇살 닮은 눈물이 빚어 넣은 내 이름
허공에 쏟아져 내려 빛으로 살게 한다

3학기를 마치면서

배움의 길이라면 뚫고 들어간다
뜻밖에 시가 나를 이끌고 스토리문학으로 안내한다
낯설기도 하고 그분이 누구인지 궁금했다
초인종을 누르며 마음이 조마조마 했다
장미꽃 같은 여인이 문을 열어준다
두 번째로는 무궁화 꽃 같은 분이 보인다

부드럽게 대화 상자가 조금씩 열리기 시작했다
방안에는 가지각색 인물들이 수천 개
수없이 많은 책들이 책꽂이에 꽂혀있어 나를 바라본다
나는 원래 책을 좋아한다
저 책 속에는 여러 가지 연장이 들어있고
인생의 길이 있다
좋아하는 책을 선물 받았다
열정적인 교수님도 좋아했고 상냥한 편집장님도 좋아했다
간판 좋은 고려대 평생교육원 라이시움에 가볼까
내 마음 속에서 새 움이 싹트기 시작했다
수필교실과 수업일이 같아서
그 친구들을 버리고 가야 하나
일주일 잠을 설친 고민 끝에 결정했다

3학기 동안 학습장에 기록하고 머릿속에 입력하고
컴퓨터에 저장하면서 한 번도
숙제를 미제출하거나 결석하지 않았다
앞자리에서 열심히 했다
붕어가 물을 먹으면서 꾸벅꾸벅 한다
나도 칠판에서 지시하는 대로 받아쓴다
고개를 꺼덕꺼덕하며 마음이 좋았고 행복했다
교수님 강의시간에 감동받아서
전철을 세 번이나 환승하면서도
학생들 직장인들 뒤범벅 속에서도 힘든 줄 모르고
여기까지 온 내가 대견하다

파도

대천 해수욕장에 왔다
파도들이 달려올 때는 옆 파도와 단단히
어깨동무한다는 것은 손에 쥔 하얀 거품이
모래밭을 덮는다는 것을 나는 알았다

물을 얼마나 좋아하는지 여름이면 텐트 가지고
무작정 가는 습관, 파도와 싸우면서
내 몸을 힐힐 감아 내동냉이치는 파도
사랑스럽고 귀엽다

울고 사랑하고 불타오르고 한탄하는 아이
인생은 위대한 예술
말 못할 가슴속 신음 같은 파도 소리
한시도 쉴 새 없이 쳐 밀고 쳐가는 파도

무작정 돌진하던 파도는 산산이 부서지며
게거품을 물고 까무러쳤다가 다시 독을 품고 달려든다
시 퍼렇게 가슴에 멍만 들어
두 발을 구르며 떼를 쓴다

하고픈 말들이 많고 많아 고래고래 소리를 지르며
철썩철썩 똑같은 말만 반복하고 있다

충청 보령군 내 고향에 왔더니
고향은 더욱 큰 소리로 나를 안아준다

쇼핑하는 여자

보면 볼수록 왜
갖고 싶은 욕심이 생길까

이래서 법정스님이
무소유를 외친 것일까

길을 지나가다
어여쁜 가방이나 옷을 보면

꼭 비슷한 것이 집에 있음에도
발걸음을 멈추어 들여다보게 되는 걸

보는 것이 곧 물욕의 시작임을 알면서도
나도 어쩔 수 없는 여자인가 보다

등대가 되고 싶다

석양 노을이 떠나간 자리
등불이 되어 수많은 생명에게 빛을 주고
행복의 보금자리로 인도하는 너는
혼자 있어 무섭겠지만
너를 바라보는 이들이 많으니 그래도 행복하겠다

하루가 천 년 같이 늘어져
모진 상황에 이유를 부여하고
한결같이 엎드려 눌어붙었다

평범한 종족 번식의 법칙에 따라 내 삶도 존재하고
자식 잘 되기만을 핑계 삼아 살아 왔으니
이젠 나에게도 새 삶의 이정표가 필요하다

열심히 사는 것만이 아름다운 삶은 아니다
꿈이 있다고 모두 행복한 삶은 아니다
어두운 길에서 한줄기 빛이 있듯이 수평선 끝에서도
희망의 빛은 늘 기다리는 것이다
너는 자신보다 남을 위해 살아가는 희망의 등불이었구나

나도 남을 위한 등대가 되고 싶다

무서운 편견

편견은 한쪽으로만 치우친 잘못된 생각이다
나만의 고집이자
타인을 내 기준 안으로만
자꾸만 가두어 놓고 평가하는
아주 잔인한 무기다

가장 가까운 사람들에게
나만의 편견으로 이래라 저래라 한 적이 있다
가장 소중하고 가깝기에 더욱 쉽게 여기고
조심하지 못하고 함부로 대한 적 있다

항상 내 말이 옳은 건 아닌데
내 딴에는 가족들을 위한답시고
편견대로 조종하려 든 적이 있다

내가 당하고 나서야
문득 그 편견이 얼마나 무서운지 느낀다

2부

커피와 마주하는 아침

창조일까 과학일까

누가 나를 창조했을까
6일이라는 짧은 시간에 어떻게 창조되었을까
과학자의 힘으로는 만들어졌다고는 이해하기 어렵다
위대하신 그분의 능력이라 상상해본다

빠르게 변하는 세상
과학자들이 나를 어리둥절하게 한다
시시때때로 변해가는 세상
고령의 나이에 컴퓨터와 카톡 방에서 헤매는 마음 슬프다

제일 중요한 날이 언제일까
글 쓰는 날일까
자식 잘 되는 날일까
이번 주는 막내아들이 직장에서 승진했다는 소식에
밤잠을 설치면서 기뻐했다
내 인생 속에 가장 좋은 것이 바로 이것인가
나는 삶 속에서 창조적인지 상상해보는 시간이다

고령의 나이에 무엇을 바라보고 열공하는가
컴퓨터 앞에서 시달리다가 병이 난다면
잘한 것일까 못한 것일까

누구의 말에도 누구의 생각에도
넘어지지 않고 바른 품행으로
새 시대 과학자의 길을 따라가길 소망한다

얽매이다

나는 내 굴레에 얽매여 산다

실패한다한들 무슨 걱정이랴
배움을 붙잡고 일어설 수 있다
부귀영화 누리고 사느니
머릿속 지식이 중요하다는 생각에 얽매여
늦은 나이에도 책보따리를 메고 다니는 나
이제 걸음을 멈추고 싶지만
마음속은 만 가지 생각으로 얽매어 있다
일을 많이 만드는 것보다
지식이 중요하다는 소망을 가져본다
무리한 욕심은 패망이라 상상하며
마음을 다독여 본다
자신 있게 살고 싶은 마음엔
선택과 준비가 필요할 것일까
늘 배우고 독서하는 마음으로 살고 싶다

얽매이지 않고 자유로이 살고 싶다

김장하는 날

내 마음의 12월을 곱게 접어든다
눈이 마구 쏟아져 내린다
설경 위에 내 발자국 짜박짜박 걸어간다
유년 시절 눈뭉치 던지며 놀던 생각이 새롭게 떠오른다
생새우를 만나러 시장에 간다
매서운 바람이 부는데 마음은 급하기만 하다
돌아와 보니 배추는 백색으로 절여져 있다
생새우를 정성껏 목욕시켜 빨간 배추양념에 넣고 주물주물한다
나를 얼마나 미워할까
미안하고 안쓰러워하면서 배추에 빨간 옷을 입혀
김치통에 넣어 저장고에 저장한다
언제든 필요할 때면 자연스럽게 만날 수 있다
우리 식탁에서 주인공이 되는 김치
자식도 이웃집도 퍼주고 생각하니 흐뭇하다

앙상한 나뭇가지 위로 흰 눈이 날린다

달력 배달하기

한 장 남은 달력을 떼어내고 새 달력을 건다
돼지해 통속에 엽전을 꽉 채워 달라한다
구역 식구 30가정 달력은 달리고 있다
배달하는 달력은 바쁘기만 하다

묵은해 지나가고 새해 희망가지고 살겠다고
달력은 씩씩하게 배달한다
하루도 살아보지 않은 날자 속에 축복의 날
저주의 날 기쁜 날 슬픈 날 감사한 날
어떤 날이 길일인지 우리 눈에는 보여주지 않는다

기다리지 않는 너는 어김없이 찾아온다
나는 너를 반갑지 않게 생각한다
그래도 궁금하니까 받아야 한다
1월 1일부터 12월 31일까지
또 365일을 공짜로 선물받았다
보람찬 기해년을 바라보는 눈동자가
힘차게 빛을 낸다

동창회

시들어가는 백합으로 낡아버린 얼굴에
주석(註釋) 같은 검버섯이 있지만 이름은 변함없다
수십 년 세월 물결 같이 흐르고
밭고랑 같은 굵은 주름만 남아 있다
무거운 짐이 되는 나이의 등을 쓰다듬는다
과거의 추억들이 약속이 된 것일까
울음 같은 얼굴이 웃음 같기도 하다
과거를 환성으로 대신한다
가까운 인연이기에 평택까지 운전을 부탁했지만
사양하고 생각하니 반성과 회개의 시간이다
머리에 꽃비 뿌려 주며 소곤소곤 깔깔거리던
지난 수학여행이 추억이 된다
가을 구름처럼 웃으며 울며
추억의 영상을 밤새도록 돌린다

6.25전쟁 체험담

아버지가 이유 없이 인민군한테 잡혀가
식구들은 초조하게 울고 있었다
다행히 인민군 편에 있는 잘 아는 분을
우연히 만나게 되어서 풀려 나왔다
서울에서 꽤나 잘 살던 분들이 굶어서
얼굴이 부황이 나고 고생하는 것 보았다
거리엔 탱크가 달리고 무심한 구름은 비마저 삼켰다
군에 간 자식 소식 대신 가뭄이 대신하고
검게 타버린 어머니 보조개가 유난히도 깊어보였다

공부하던 교실은 군화에 무너지고
사랑하는 책상은 부러져 재로 변했다
인민군 떠난 운동장엔 회오리바람만 거세게 불고
지켜줄 줄 알았던 군부대가 떠난 마을엔
두려움과 절망이 쌓여갔다
가엾은 민심은 울고 우왕좌왕했다

수복 후 수업을 시작했다
교실이 없어 가마니때기 깔고 공부했다
지우개가 없어 닳아 못 쓰는 검정고무신
잘라서 지우면 공책이 시커멓게 변했다

6.25전쟁 때 초등학교 입학했던 나
무서운 전쟁 생각이
지금도 마음 한구석에 머물고 있다

하늘공원 야외수업

하늘공원으로 야외수업을 갔다
노란 숲속에 길이 두 갈래로 갈라져 있었다
한 길은 내 마음대로 사는 길
한 길은 가정을 위해 희생하는 길
안타깝게도 나는 두 길을 갈 수 없는 한 사람이다
갈대밭을 바라보며 수많은 사진을 촬영했다
아무에게도 흐트러뜨리지 않은 낙엽 쌓인 길
내 마음까지 낙엽으로 덮여 있는 듯
뒷날을 위해 한 길을 남겨두고 돌아왔다
참된 삶이 세상을 위한 길임을 깨닫는다
남을 미워하지 말고 참회하는 일로 복을 짓고
겸손한 마음으로 덕을 쌓으리라 다짐해본다
야외수업을 통해서 여러 가지 배우고 마음속에 간직했다
남을 배려하고 제자를 사랑하는 손길에 감동한다
어찌나 잘 먹었는지 낮에 먹은 음식에
뱃속에서 지금까지 음악소리가 잠을 설치게 한다

고향집과 나

나직한 언덕에 서 있는 우리 집은
시골에서는 꽤나 큰 집이었다
그런데 요즘 부모님 산소에 가다 바라보면
어찌나 작은지 오막살이 같은
집 한 채가 늙은 나처럼 서 있다
부모님께서 내 생명을 주시고
옹달샘 물지게로 길어다 밥 짓던 두메산골 집
작은 창으로 내다보면 내가 심었던 감나무 한 그루가
50년 동안 그 자리를 지키고 서 있다
높은 곳을 향해 두 팔 벌린 감나무
나도 언젠가는 빈집 같이 쓸모없는 존재가 될 것이다
그러나 바람이 달려오고 구름이 머물다 간다 해도
나는 내 자리를 꿋꿋이 지켜야지

요양원 방문

4월 28일 하남 효덕요양원 방문했다
어르신들은 우리 봉사단을 맞이하려
머리에 하얀 벚꽃으로 치장하고
휠체어 타고 여행길을 나오듯 기쁨으로 줄지어 나온다
그들을 받아줄 자식이 없고
머문 이곳이 내 집이라 하신다
그들은 고독과 인내를 만들어 바로 나타날 것 같다
기다림을 가슴에 담고 설레며 오만 상상을 수놓고 있다
우리들은 그들을 위하여 이벤트를 정성껏 준비했다
나는 그들에게 들려줄 시와 노래를 부른다
나 또한 어머니 생각에 감동되어 눈물을 보였다
선물도 준비하여 박수를 힘차게 치시면 팔찌를 드렸다
어느 104세 되신 할아버지가 열심히 손뼉을 치시어 눈길이 갔다
무엇이든지 소망 중에 꿈을 가지고 노력하면 그것이 성공이라 느꼈다
그 할아버지는 가을 단풍에도 지게를 내려놓고
툇마루에 앉아 홀로 발톱을 깎으신다
무언의 시간 속에 방울방울 먼 길 떠날 준비를 하는 봄날이다

부러진 날갯죽지에도 날고 싶은 욕망의 끝자락에서
할퀴고 뜯긴 채 불효만이 허공을 찌른다

애초에 잘 자리를 잡아야

23년 동안 바라보던 은행나무가 갑자기 사라졌다
잘라진 흔적 붙잡고 중얼대지만 아무 반응이 없다
한참을 생각해보니
아무래도 은행나무를 철거해야겠다고 말한 남편의 말이 생각난다
나무가 너무 커서 건물 밑으로 뿌리가 뻗어서
집이 움직일까 염려된다는 말을 수없이 들었다
비용은 이백만원이라 했지만 옆에서 아무런 대답도 하지 않았다
그는 조경 집에 가서 뿌리 죽는 약을 구입했다
약을 주고 아무리 애써도 여전히 활력소로 뿌리가 씩씩하게 뻗어나갔다
나무 중간을 도끼로 쪼아서 그 속에 약을 투입했지만 허사였단다

말도 없이 철거한 그 남자가 한없이 미웠다
그동안 큰 가지 작은 가지 궂은 일 좋은 일 함께 겪으며
우리는 나무 덕에 그동안 행복했다
봄이면 파란 잎이 마치 수채화로 그린 것 같이 아름다운 작품이었다

가을이면 노란 잎이 떨어져서 도로가 황금빛으로 포장을 했다
식구들이 은행을 영양제로도 섭취했다
이제 모든 것이 추억이 되었다

애초에 심을 때 장소를 잘 선택했더라면 안 죽었을 텐데

이국의 바람

- 일본 여행

비행기에 몸을 싣는다
팝콘 같은 구름 몇 점 내 마음을 평화롭게 떠다닌다

가족 여행을 하는 마음은 왠지 흐뭇하다
나의 동역자가 아름다운 모습으로 향기를 뿜어낸다
남편이 있기에 아내가 되고 자식이 있기에
어머니가 되고 손주가 있기에 할머니가 되었다
이런 과정을 거치면서 설경의 할미꽃이 되었다

가는 곳마다 불편한 점은 없다
준비된 그릇이 내 앞에 놓여 있다
수많은 저 사람들은 무슨 생각을 하고 있을까
마음이 기쁜 자는 얼굴이 장미꽃 같다
가슴에 근심이 쌓인 자는 피다가 시들은 장미꽃 같다
상대방에게 내 모습은 어떻게 그려질까

여행 중에 삼천년 된 녹나무를 보았다
많은 관광객들이 그 앞에서 사진을 찍는다
사람은 백년도 못사는데 너는 오래도 사는구나

어디가 동쪽인지 어디가 서쪽인지
잠시 생각에 잠긴 사이 거센 이국 바람에
내 마음이 살랑거린다

무서운 눈

너를 볼 때마다 내 마음은 떨린다
세상은 백색으로 화장했지만 나는 왜 무서울까
한 계절에만 찾아오는 친구
반갑게 맞이하지 못하는 마음 한없이 아쉽고 안타깝다
사랑하고 싶지만 너는 나를 너무 힘들게 한 적이 있지
새벽 5시, 남부터미널 꽃시장에 가려고 출발하였다
가는 시간에는 눈이 오지 않았고
통행도 밀리지 않아서 120키로 놓고 기쁨으로 달렸다
꽃을 한 아름 안고 주차장에서 나와 보니 눈이 소복하게 쌓여 있다
아무 준비 없이 운전대를 잡았다
근데 바퀴가 이리저리 미끄러지고 힘들게 했다
나는 그때부터 네가 너무 무서워졌다
그날로부터 지금까지 눈이 오면 절대 운전대를 잡지 않는다
하지만 비가 억수같이 쏟아져도 재밌게 운전을 한다
창밖에 사람들은 우산 쓰고 가는데 나만은 물속에서 수영하면서 달린다
십년이란 세월 동안 교회 강단에 꽃꽂이봉사를 해오며 너를 만났지
흰 꽃이 한 잎 두 잎 내 어깨에 내려앉을 때는 무서워도 예뻐서 만져보지만
금세 물이 되어 작별할 때마다 너를 잊지 못하고 무섭다

가방 속 지갑

사람에게 좋은 일도 하고
때로는 놀라게도 하는 너
언제나 네가 동행하지 않으면 일할 수가 없다
어깨에 너를 짊어지고 세상을 바라본다

너는 나를 배부르게도 하고 배고프게도 한다
너는 재주도 좋다
부하게도 하고 가난하게도 하는 너
도둑놈도 만날 수 있고 착한 사람도 만날 수 있다

요즘 너를 떠나서는 세상이 떠들썩하다
현시대는 현찰은 눈을 감고
카드가 눈을 부릅뜨는 세상이다
너를 잃어버리면 큰 문제다

화장실에서 너를 두고 나와
수업하고 점심식사 하고 약 3시간 동안
네가 내 가방에서 탈출한지도 몰랐다
어느 착한 이가 너를 데려다 안내데스크에 맡겼다
아름다운 동료가 그곳에 가서 찾았다

힘 빠진 나를 쫓아와 챙기고 살피고 도와주는

두 여인들도 있었다
내 마음 한구석에서 감탄사가 절로 난다

만약 너를 영영 잃어버렸다면 얼마나 고통스러웠을까
생각만 해도 끔찍하다
나는 캄캄한 새벽에 그 어떤 이를 위해
간절한 마음으로 기도 올리었다
착한 그대여 새해에 복덩이가 되고
늘 행복하길 기도했다

그림자

걷다보면 나를 따르는
또 다른 내가
검게 그을린 모습의
똑같은 몸짓 하나를 내려다본다

바삐 움직이며
덩달아 어딜 가고 있는지
궁금한 나는
너의 주인이다 말하고 싶다

둘러보면 불빛 속에 드리운 모습이
마음속 깊은 곳이 더 잘 드러나서
혼잣말로 중얼거린다

넌 누구이며 무엇하고 살고 있니
그림자 함께 걷다보니
행여나 훔쳐볼까 가리고 또 가렸던
나만의 모습들
주위 사람들에게 미안한 마음이 든다

그림자 따라 걷다보니
이제는 마을 동네 골목이 정겹게만 느껴진다

신발

현관을 나설 때마다
꼭 한 번은 몸이 기우뚱거린다
신발을 제대로 꿰지 못한다
신발을 꿰어 신고 밖으로 나아가
바람 앞의 나무로 사는 것이 내 운명인데
그토록 더디게 익숙해지는 것일까

살아 숨 쉬는 동안 신발을 벗을 수 없었다
잠시 휴식도 잊은 채 넓고 좁은 길
앞만 보고 걸었다
황금 구두 신고 걸어본 길도 있었고
하얀 운동화 신고 걸어본 길도 있었고
찢어진 고무신 끌고 걸어본 길도 있었다

신발이 바뀔 대마다 발걸음 무겁고
고달팠으니 맨 발로 걸을 때가
가장 편하여 기쁨의 노래 한 소절 불렀다

내 하루 생활의 흔적 내 삶의 기쁨과 슬픔
속속들이 알고 있겠지
내 인생길이 영원한 동반자인 너
한마디 불평도 없이 머문 자리는 아름답다

안경 속으로

아득한 꿈결인가 두 눈 감고 헤매다가
먼 길 돌고 돌아 눈 뜬 자리에서
손 먼저 더듬거리며 빛을 향해 나간다

눈 뜨고 다시 감는 차이쯤은 안다면
투명한 유리알에
의지해 살면 좋을까

안경으로 선명해진 하늘이며 달이며
그 자리에 너 있었구나 반갑게 인사하는 일
사라진 하나를 다시 만날 수 있어 좋았다

팽팽하게 조인 시간 어둠을 가둬 놓고
선명한 하루가 안개 속에 잦아들면
감아도 열리는 세상으로 가고 싶다

공항 풍경

가을비가 가슴 시리게 내리던 날
내가 떠난 공항에는
식은 커피 같은 온도의 작별이 내리고 있었다
바쁘게 움직이는 사람들 부산하다
나는 외국 여행 일 년에 한 번 갈등말등하는데
누군가는 뜨거운 커피를 종이컵에 들고
누군가는 멍하게 하늘을 바라보고
누군가는 오랫동안 기다린 그리움을 만나는
시끌벅적한 공항
들뜬 가슴으로 떠난 마음이 공허함에
심장을 데우고 싶었다

커피 잔에 그리움이 내린다
미련처럼 남기고 간 긴 여운은
뜨거운 그의 가슴처럼
마음에 남아있고
그리움마저 어찌하지 못하는
나의 미지근한 마음 식어버린
커피 잔에 담겨있다

심호흡에 마음 깊이 들어온다
공허함이 커피 향으로 가득하다

신호등의 생존법

정지선 앞 붉은 눈
교차하는 순간마다 밖으로 튕겨나갈 수 있어
저 욕망의 무리가 자나갈 때까지
침 한번 삼키고 2분 동안 기다리는 동안
저세상에서 이 세상 끝을 밝히는 눈빛들

30초 동안이야
초록 화살표가 하나씩 지워지는 동안
가슴을 편 날갯짓이 가능할까
파란 입가에 둥근 미소가 피면
저마다 숨 가쁘게 날개를 단 듯
새까만 허공 속으로 다시 달려간 혼불

푸른 고추처럼 붉은 고추처럼
되살아나는 희로애락의 일상
하루살이 같이 늘 생존법에 목말라 있는
파란 신호등

우산을 펴다

한 방울 빗물조차 허락하지 않겠다고
팽팽하게 펼쳐놓은 자존심
그늘 아래 미끄럼 타며 눈물처럼 주르르
너는 가끔 가까이 갈 수 없어

멀어진 거리 앞에서
돌아서고 돌아서곤 했습니다
내 우산 버리고 그대 품에 들고 싶어
햇살로 스미고 있습니다

비 내리는 오후
그대에게 가는 길
우산이 되어 그대 손 꼭 잡겠습니다
한 방울 빗물도 다가올 수 없도록
노란 우산 활짝 펼쳐 놓겠습니다

발자취

간밤에 첫눈이 내렸다
첫손님이 나는 너무 반갑다
세상은 온통 백색 천사가 되어 순결을 뽐내고 있다
오늘 첫눈 길을 걸으면서 지나간 일들을 되돌아본다
나의 행동이 너무 부정적이고 자존심이 너무 강했다
남을 위해서 소홀했는가 후회하며 반성해 보았다

지하철 안에 비좁아 몸부림치는 시간
이젠 비켜서야만 하는 존재인데
직장인과 학생들과 범벅이 될 때마다 반성이 된다
길을 찾아 배움의 샘터로 가고 있다
채워지지 않는 욕심 내려놔야 될 것 같다

오늘은 양로원에 가서 어르신들을 손잡아주었다
힘없는 손 뼈다귀만 남아 있다
사랑한다며 안아주었다
내 인생의 남는 봉사일까
만약 내가 바르게 걷지 않고 걸어서
뒤에 따라 오는 많은 이들이 내 자취를 따라오면
모두가 책임일까
앞으로 살아있는 동안 조심하고
정신 차려 똑바르게 걷고 싶다

커피와 맞이하는 아침

햇빛이 쏟아지는 아침
식사 후 한 잔의 커피와
하루의 일과를 세운다
나는 네가 좋다

새로운 아침에 내 마음
상쾌하게 해주는
커피 친구의 향기가
내 안에 들어와 꽃을 피운다

그 꽃으로 사랑을 느끼고
불어오는 바람처럼
커피 잔 위에 사르르 뜬 해님이
노래 부르는 음악소리

오늘 하루 만족하며
너의 향기와 동행하리라

소낙비 쏟아지듯 살고 싶다

여름날 소낙비가 시원스레 쏟아질 때면
온 세상이 새롭게 씻어지는 것만 같다

구멍 난 하늘도 토해내듯 울고 있어
눈물에 씻기는 내 가슴이 아픔에 저민다

흠뻑 젖어드는 기쁨이 있었기에
온 몸으로 다 받아들이고 싶었다

어린 날처럼 온 몸으로 다 맞을 수는 없지만
나의 삶도 소낙비 쏟아지듯 살고 싶다

후회 없이 소낙비 시원스레 쏟아지듯 살면
황혼까지 붉게 아름답게 물들 것이다

온 거리에 눈물 같은 소낙비가
강물 되어 흐르면 그리움의 배를 타고

그대가 있는 무지개 핀 언덕까지
나는 소낙비 쏟아지듯 거침없이 가련다

추상도(秋想圖)

숲길을 걷는다
억새의 마른 향기가 나는 그 숲길
준비 없는 이별이 허수아비
가슴에 슬프게 젖어들고 있다
파르르 떨리는 가슴 들킬까봐
나는 먼 산을 우러른다
산은 시월의 금빛살 품고 꽃단장 바쁘다
나도 한때 저리 붉은 적 있었다
설렘을 안고 그를 만나러 가던 시절이 있었다
그의 프러포즈를 받았을 때
나는 시월의 산처럼 홍안이 되었었다

시월의 산이 색색이 수놓으며 홍안으로 서성인다
내 가슴은 슬프도록 붉다

3

시간은 물처럼

커피 잔

서로 신뢰하며
눈동자를 바라보며
차를 마시며 마음이 뜨거운 고운님은
어디에서 무엇을 생각하고 있을까

얼굴조차 잊어버린 마음
수채화로 그려 보고 싶다
친구들 이름 하나하나
찻잔 속에 넣고
예쁘다 생각하고 바라보니
꽃잎은 어디로가 사라졌다

커피 잔이 식어갈 때
내 마음도 식어간다
그림자 창문 열고 들어와
두근대는 가슴을 뜨겁게 감싸준다

새벽빛으로 물든 내 품에 안긴 커피 잔
또 다른 아침
향긋한 커피 한 잔 그려 본다

벽에 걸린 마지막 달력

얼굴에 잔주름 늘어나고
흰 머리카락이 더 많이 섞이고
마음도 많이 낡아져 가며
무사히 여기까지 걸어왔습니다

한치 앞도 모르는 세상살이
일초의 건너뜀도 용서치 않고
또박또박 품고 온 발자국의 무게
여기다 풀어 놓습니다
허욕을 쫓는 어리석은 나를
묵묵히 지켜보아주는 굵은 나무들에게
올해 마지막 반성문을 써봅니다

추종하는 신은 누구라고 이름 짓지 않아도
어둠타고 오는 아득한 별빛같이
날마다 몸을 바꾸는 달빛같이
때가 되면 이별할 줄 아는 사람이 되겠다는
마음의 기도로 12월을 벽에 겁니다

시간은 물처럼

미련 없이 후회 없이 당당하게
일어나 헤치고 내 몸과 정신에게 물어본다
나와의 대화 속에 하루를
그리고 내일을 만드는
설계자가 되어 미래를 달려간다

똑딱이는 인생살이 쳇바퀴 돌듯
그 자리에서 맴돌지만
세월을 쪼개어 되새겨 보면
가느다란 그 초침 위에
소중한 사람과 마주하고 있다

나만이 세월의 기차를 타고서
부푼 꿈을 가득 싣고
타오를 듯한 열정으로 터질듯 한 심정
소리처럼 뜨겁게 달려간다

그렇게 소중한 순간의 가치를
매일 새로이 선물하는 시계
세상에 둘도 없는 나의 친구

어린 때 울던 목소리가 반백의 친구가 되었다

지금도 떠오르는 어련한 얼굴
허망한 마음 추스를 길 없다
늘 아쉬움만 남는 것을
세월을 먹으면서 숱한 사연 중에
사랑하고 기뻐하고 슬퍼하며
어느덧 고목의 반백의 하얀 모자를 쓰고
뒤돌아보면 덧없는 길이 영원한 실체인 결과다

지나버린 일들을 이미
작은 추억 속에 묻어버린 채 낄낄대는 모습들에
시간은 간데없고 돌아서는 뒷모습에
그리움만 안고 간다

나의 동반자

서로의 눈빛은
달콤한 솜사탕처럼 부드러운
당신은 나의 영원한 동반자
가진 것 없는 소박함으로
그대의 손위에 나의 열정
그대에게 모두 드리고 싶다

어느 날 그대 다가와
내안에 강을 만들고 산을 만들고
나를 만들었더니 어디론가 가 버린 지금
나도 떠났다
그대 없기에 더 이상 나도 존재하지 않는다

비록 지금은 슬픔일지라도
그 사람을 위해서 나 자신을 위해서
그리고 어딘가에 있을
나의 동반자를 위하여
그 자리를 비워둘 줄 알아야 한다

혼자서만 사랑하는 사람의 넋두리다
진정한 사랑은 사랑하는 사람과
영원히 함께하는 것이다

나목과 인생

겨울 밖에 언저리에 시린 바람 스며들면
숱 많은 머리카락 숭숭 빠져나가듯
야윈 가지만 지키고 서 있다

새벽 예배 가는 길
추워서 몸을 움츠리며 걸어가는 내 모습을 바라보고
추위를 견뎌내야 새봄에 잎이 피고 열매가 맺는다며
나무가 새벽 종소리를 따라가고 있다

나무는 열매를 만들기 위해 어두운 땅속을
찾아다니며 수액을 찾아 올리는 것이다
나무는 목숨이 끝나도 죽지 않는다
재목으로 집을 지어 따뜻한 가정으로 다시 산다
책을 만들어 지식과 철학으로 살길을 인도한다

나무는 가만히 있어도 발명하는 과학자다
인생도 몸에서 보이지 않는 잎들이
한 잎 두 잎 수 없이 빠져나간다

요번 겨울 잘 지내야 할 앙상한 뼈만 남은 나목 같은 육신
요양원어르신들 문 앞에서 창밖을 내다본다

얼음 꽃 녹아내어 물길을 열어놓으면
동여맨 그리움 풀어 너에게 전해질까

나무가 입을 여는 날
봄이 건너온다

붓글씨의 감동

흙냄새가 가득한 서예교실
숨소리조차 가만가만히
글 쓰는 열기로 가득한 너와
함께하던 시간 어디론가 숨어 버리고
겸손한 너를 만날 수 없다

친절했던 먹은 10년 동안 갈아온 추억
아쉽기만 하고 흰머리 고운 주름
붓대마저 흔들던 그 시간이 그립기만하다
붓 끝에 고락 실은 친구
나를 위로해주고 길을 가게 한 스승님
지금은 눈을 감았다
힘든 노력을 했지만 길을 바꾸고 생각하니
살아 숨 쉴 때까지
서재에 벼루와 먹과 붓이 나를 슬프게 한다

수많은 화선지를 버리며
정성스럽게 먹을 갈면서
내 인격 아름답게 가꾸고자 붓글씨를 쓰고
붓을 깨끗이 씻는 것은 내 인생의
때 묻은 마음을 정결하게 씻는 것이라 생각하고
열심히 배웠지만 지금은 모두가

마음에서 멀어졌다

나의 마음 변하여 시를 쓰는 길이
꿈을 향해 가는 길인가 상상해본다

초록을 길어올리다

검단산을 오른다
정상까지 올라가 바라본다
저 땅 속에 어떻게 저렇게 예쁜 잎이
많은 초록색이 들어 있을까
바위틈에 들어있는 초록을 길어 올리는
뿌리를 보면서 감탄한다

아낙네들은 옹달샘에서 생수를 마신다
바가지 물위에 예쁜 잎은 배를 타고
내 입속으로 여행한다
예쁜 모습들이 저마다 산소를 내뿜고 있다
도시락을 그늘 밑에 내려놓고
각자의 요리 솜씨를 관찰한다

언제나 반겨주는 자연은 가슴에 애인이다
같이 운동하겠다고 흔들거린다
화려한 유혹으로 너에게 안기고 싶다
태풍에 우수수 열렬한 인사하며 작별하고 떠난 자리
우두커니 바라본다
부러진 나뭇가지는
화려한 불꽃으로 다시 태어날 것이다

나를 퇴고하다

시를 퇴고하듯이 어제를 바꿀 수 있다면
어디서부터 손댈까 무엇부터 고칠까
새롭게 쓸 수 있다면 새로 쓰며 살고 싶다

아픈 날을 지워놓고 눈물마저 거두고
가슴 떨리게 좋은 날 날아다닐 듯 행복한 날
이보다 좋을 수 없는 기적을 만들어 볼까

실수조차 내가 살아온 삶의 일부였기에
누구에게나 똑같은 시간 앞에서 주어지는
그래서 퇴고 불가한 내 인생을 사랑한다

숨결 닿은 곳마다 살아있는 기억은
나를 고칠 수 없었던 소중한 날이
함부로 손 댈 수 없는 단단한 울타리다

욕심

나무가 바람에 부딪혀
흔들리면서 실랑이가 한참이다

바람이 흔들어 나를 깨우고
나무를 흔들어 깨운다
바람은 심술쟁이인지 알 수가 없다

고요한 연못에 흔들리는 바람
달빛을 가려 설핏설핏 떠 있는
달님 그림을 마음으로 바라본다

욕심이 마음에 스며들어
달빛도 어둠속으로 사라질 때
고요한 마음속은 부끄럽기 짝이 없다

비춰주는 달빛도 밝음이 오면
예쁜 모습조차 사라진다
인생도 때로는 바람 속에 머물고…

잃어버린 추억

서산 끝에 해가 머뭇거린다
헤어짐이 못내 아쉬워 느릿느릿 발걸음을 떼고 있다

산중턱을 거닐던 조각구름
새하얀 깃털 한 개 똑 떨군다

그대 눈빛을 슬그머니 훔쳐보았다
애처로움에 하얀 손수건을 남겼다

가슴 속 비좁은 쪽방 안 웅크렸던 추억들이
슬그머니 눈곱을 비비며 기지개를 편다

어디서 본 듯한 그 무엇을 찾아 지그시 눈감으며
얼룩진 기억을 입김으로 닦는다

저녁연기 모락모락 피어오르고
가을 하늘 수채화 또렷이 영글어간다

추억으로 가는 길

수없이 지난 시간들이
마음속에서 그림자처럼 감동으로 남는다

내 생각의 빛깔이
친구들에게까지 물들어간다

가을이 떠나면 겨울이 찾아오고
봄이 오면 또다시 여름이 찾아온다

소리 없이 내 옆을 지켜보는 깊은 마음속에
속울음 삼키며 참고 견디어내야 했던 날들

추억 깊어진 내 마음속에
합창으로 음악소리 들려온다

황사

그대 스치고 지나는 바람이거든
저무는 들녘에 홀로 핀 꽃잎일랑
흔들지 말고 지나라

살갗을 파고드는 한기에
시린 목 움츠리며 옷깃 여밀 때
돌아서는 모습이 마음 아프다

지긋지긋한 황사
창문을 열어두면 창틀에 노랗게 쌓인 미세먼지
사람이 먹고 건강 해칠까, 네가 밉다

살을 에는 추위보다
스치는 바람에도 절절이 사무쳐
삼키는 눈물을 뉘 알랴

거울 속의 생각

거울을 바라봐야
내 얼굴을 알 수 있다

볼 수 없다면
얼마나 안타까울까

내 마음속은 볼 수도 없고
만질 수도 없다

하지만 언젠 밥을 달라하고
오늘은 웃어달라고도 하고

너희의 명령에 순종한다

내가 편안하면 너도 편안하고
내가 캄캄하면 너도 어둠속에서 헤매고

내가 찾는 꿈이
거울 속에 담겨있다

그대에게

가끔은 이해해주길 바란다
그대가 공감하지 않더라도
있는 그대로의 지금 내 모습을
가끔은 사랑해주길 바란다
그대가 원하는 모습이 않더라도
있는 그대로의 지금 내 모습을

가끔은 그저 아무 말 없이
내 옆자리를 채워주길 바란다
아무런 설명을 하지 않는
내 모습일지라도

새로운 시작

처음은 늦지 않은 것인가
고령이라고 학생이 아닌가
육체는 연수가 늘어나지만 마음은 이팔청춘이다
시라는 단어가 쉬운 것 같지만 어렵다
기초가 없는 집은 모래 위에 성을 쌓는 것과 같아서
무너지기 쉬운 것이고 쓰기가 어렵다

시를 쓰면서 좌절하는 내 모습
다시 일어서리라 다짐에 다짐을 한다
그림 같은 시간에 젊은 육체로 변화되어 생동감이 난다
동료들의 열심히 하는 모습은 힘이 된다

시는 쓰면 시가 되고 공부 안하면 어둠속을 헤맨다
등불을 밝혀 볼 것일까
모두 해봐야 편리한 방법을 알게 되는 것일까

시의 종자를 채취하여 가슴에 담아두고
어디에다 심을까 하는 파종 계획을 세우지 못하는
갈망 속에 시작이 반이라고
물 한 컵 마시고 나야 정신 난다

늦가을 어둠속에 서 헤매는 여인
죽기 살기로 달려가는 모습을 아름답다고 할까
시가 잘 안 돼 안타깝기만 한 여인
시작은 누구에게나 젊음을 선물해준다

농부와 감나무

들판 위에 황금빛으로 펼쳐져
멋스러움을 내뿜는 벼들도
어느새 바닥에 자리하고 누워
흰 옷으로 단장하면
울긋불긋 익어가는 가을은
엄동설한을 준비한다

감나무는 주렁주렁
달고 있던 청춘을
하나 둘 세월에 떨구며
가을의 옷을 갈아입고
일광욕에 취한 곶감으로 내어준다

우리의 인생도 하루하루의 날짜 속에
보이지 않는 가을의 옷을 갈아입고
황혼의 길을 내어준다

농부들의 부지런히 움직이는 몸짓 속에
웃음이 묻어나는 땀의 열매가 곳간을 채운다
내 마음도 풍성하고
뱃속의 멜로디가 노래로 합창한다

앙상한 나무껍질 같은 농부의 손은
쉬지 않고 누군가를 위해
아궁에 불을 지핀다

갈대밭

늦은 가을 갈대밭에
흔들리는 갈대숲에서
쓸쓸하게 너는 왜 자꾸 흔들릴까

누구도 알 수 없는 고독 때문인가
몸부림을 쳐봐도 잡을 수 없는
갈대는 울고 서 있다

무엇인지 까닭은 모르고
자신의 마음 속 깊이도
모르는 갈증 때문일까

세상처럼 넓은 갈대밭
저무는 해를 따라 흐르는 갈대는
바람에 몸부림치고 있다

고향의 추억

숨이 막히고 목이 마르고 피가 마르던 고향
동서남북 둘러봐도 보이지 않는 벽속에
갇힌 영혼 손톱이 닳도록 틈새를 찾아도
찾을 수가 없다

부모님 영태만 있고 옛 모습 많이 변했다
이같이 슬픈 추억 개울물 흐르고
눈물 씻고 손을 씻고 발을 씻던
옛 이야기 더듬어본다

이 마을 저 마을 논두렁 밭두렁
바느질의 실땀처럼 다니시던 길
새 길이 크게 나고 아스팔트가 깔리니
어머니의 발자국이
지워져 없어져 가는 것이 아쉽다

어머니의 발자취는 고향 마을
수를 놓은 듯이 아름다웠다
고향의 논두렁 밭두렁
어머니의 추억에 눈물이 난다

고무신과 새해아침

사랑과 수고로써 오직 한 길
어르신들 사랑화였던 고무신
그 지나간 발자취가
고유의 시간과 추억의 터를 일구었고
후손에게는 대물림되는 옛 상징을 이루었다

고무신 신었던 그 시절의 냄새
그 시절 사람들이 공유한 대화와 지혜

이제는 먼 시대의 이야기가 되고
유물이 되었지만
대대로 축적된 그 선조들의 지혜의 냄새는
영원히 살아있는 기억이다

우리 사는 세상 곳곳에
씨앗이 되어 나물이 되고
후손들의 지혜와 더불어 쑥쑥 자라나는
장성한 나무 되어

새 희망으로 시작하는 기해년
새해아침의 사랑화로 활짝 꽃 피우고
튼실한 열매로 영글어갈 것이다

또한 눈앞에 닥칠
거센 한 해의 풍우가 있겠지만
고무신 신던 선조들이 그랬듯
이겨냄으로
또 하나의 연륜이 늘리라

길쌈

날실과 씨실이
겹겹이 시간을 엮어
병풍처럼 늘어선
올들을 채워나간 만큼

우리의 삶을 엮어서
한 필 두 필 박제시키는
손길에는 시간의 얼룩이
눈앞에 아롱진다

농촌 생활에 단내 나는
이야기 배틀 위에 앉아서
찔꿍 짤꿍 삼베 짜는 아가씨들
지금도 머리 위에 주마등같이 상상이 된다

취미 없는 생활 떠난 지
수 십 년을 살아 왔지만 길 찾는
여인 아직도 넓은 길을 찾지 못했다
하얀 백지 가지고 씨름하는 내 인격
우리의 삶이 피었다 지는 인생의 가을인가

말

말에는 엄청난 힘이 있다
초면에 말 몇 마디만 나누어도
어떠한 가치관을 가진 사람인지 쉽게 느낄 수 있다
말이란 듣는 이의 영혼을 갉아먹기도
힘들게 하기도 하면서
듣는 이로 하여금 새 힘을 주기도
소망과 꿈을 실어주기도 한다
항상 좋은 말 예쁜 말을 하며
주변의 모든 이에게
긍정적인 영향력을 끼치는 이가 되어
아름다운 말로 세상을 아름답게 채우는
아름다운 우리가 되자

낙엽의 꿈

깊어가는 가을밤에 그는 우리에게
아름다운 언제나 음악 소리를 들려준다
그토록 사랑하는 그들을 두고 떠나야한다
전남 고창에서 그를 만난 것은 인연이다
수많은 발걸음들이 아프게 하지만 아무 말 없이
그는 참고 견디는 모습 닮아가고 싶다
그는 한없이 옆에 놓고 보고 싶은 마음에
내 손아귀에 있는 휴대폰에 그림으로 남겼다
언제까지 그들을 사랑할 것인가
함께 집으로 데려가고 싶다
한참 동안 예뻐하다가 친구들과 사이좋게 놀아라
두고 작별하는 마음은 서글프다
가을만 되면 그들처럼 붉게 물들고 싶다
그처럼 예쁜 마음과 예쁜 모습을
그대 사랑하는 가슴 가득 고운 빛으로 주고픈 마음이다
노을이 물드는 산모퉁이 찻집의
붉게 밀어드는 갈바람에 날리고
그가 봄바람을 그리며 길을 떠난다

4부

기도하는 여인

동행

검은 머리 파뿌리 될 때까지 살자며 약속한 그날
곱고 아름다운 눈빛으로 마주보며
아침 이슬 촉촉하게 사랑의 속삭임에 행복을 느낀다

시간의 흐름도 아랑곳없는 여인 첫사랑처럼
청사초롱 불 밝힌 머나먼 여행을 떠난다
밤하늘에 별이 아름답게 보이는 것은
태양이 숨어버린 까만 공간이 있기 때문이고

여인이 아름답게 보이는 것은 여인을 보고 있는
남자인 내가 있기 때문이다
일러주는 이 아무도 없는 이정표도 끝이 보이지 않는
고단한 인생사 마구 잡아 달구던

젊음 한때도 있었건만 무정한 세월의 거리에서
나그네 되어 꿈처럼 달콤했던 날들
그림자 흔적조차 없이 자꾸만 뒤돌아보지만
외로움이 짙어가는 그 단어에 적용하지 못해
슬픈 고독의 그림자 되어 흐느적거린다

자기 자신의 가치가 빛이 나고 마음의 소리가
퍼질 때 더불어 사는 아름다움은 모두의 행복이다

인생은 도전과 응전의 연속이다
너무도 눈부신 날에 함께하는 마음다짐으로
세상과 소통하며 오늘을 소중히 해야 할 것이다

내 그림자 하나 동무하여
질긴 실타래 같은 인연을 앞세우고
남은 삶에 더불어 동행을 해야 한다

세월의 흐름 속에 만고풍상 헤쳐가고
믿음의 동반자로 황혼의 여정 속을 거닐며
무관심 없는 지향 속에 늘 경청하고
아름다운 천국에서 생을
장식하는 북망산천에서 잠들고 싶다

세월을 놓친 젊은이

가나 긴 겨울 지낸 앙상한 가지에
화사한 분홍빛 꽃구름 피어 있더니
어느새 예쁜 꽃은 지고 새잎 싹이 피어나니
시간은 돌이킬 수가 없구나

낙화는 흐르는 강물 수놓아 따라갔고
그렇게 거리를 누비던 젊은 사람들도 세대를 바꾸었으니
손에 잡은 지팡이를 놓을 수가 없다
세월은 뒤돌아보지도 않고 어서 오라 하는데

세월이 사라진 서쪽 하늘엔
영혼이 붉게 타고 있다
나는 하나도 소유하는 것 없다
어차피 빈손으로 왔으니 빈손으로 가는 것이
내 인생인 것을 이미 알았다
욕심을 내고 다툰들 무슨 유익이 있나
해와 달도 구경만 하고 가는 세상 세월은 미붑다
해와 달을 따라갈 때에 가진 것 다 주고 가는 것이다
낙엽처럼 빼앗겨버리는 것이 아니라
열매처럼 주고 가는 것이 참된 인생이다
자랑스러운 것도 다 내주고 가야 한다
이것이 참된 인생이다

하루 종일 거리를 거닐면서 울고 싶다
현란한 간판들 때문이 아니라
불쌍한 사람들과 함께 울고 싶다
불상한 사람들 중에는 슬픈 사람이 끼어 있다
그들을 이해하고 그들을 위로하고 그들과 함께 울고 싶다
내 마음이 약해진 것일까 내 생각이 달라진 것일까
육십 년 지나 버린 추억이 그림자처럼 내 발에 밟힌다
푸른 하늘 에도 슬픈 글씨가 있고
먼 산에는 슬픈 시제가 있고
거리마다 슬픈 이야기가 있다
그래서
나는 소리 내어 울고 싶다
해와 달이 달리기한다 해가 이기는구나
해도 달도 제 갈 길 바빠 날아버리고 가니
어두운 밤길 더디기만 하다
할 일도 많다고 쉬어가지 했더니
짐은 더욱 무거워지고
세월마저 발라지니 후회만 쌓인다

기도하는 여인

포근하고 따뜻한 마음으로
누군가를 위해 기도를 올린다
나와의 대화 속에
사랑만 했으면 좋겠다
기도의 욕심은 괜찮을까
사는 동안 평안을 구한다

추운 겨울 아픈 가슴
이제 다 내려놓고
창문 틈으로 들어오는
맑은 햇빛 가슴에 품고 싶다

누군가 아픈 사람에게
누군가 고통으로 눈물 흘리는 사람에게

나의 간절함을 예쁘게 포장해서
진심을 다해 정성을 다해
간구하며 기도를 올린다

감사 일기

불평불만을 늘어놓을 시간이 아깝다
늘 감사하기만 해도 부족한 우리의 시간

종이와 펜을 꺼내어
매일 감사 일기를 적어보자

형형색색의 꽃들을 볼 수 있음에 감사
두 다리로 걸을 수 있음에 감사
먹고 싶은 음식을 직접 만들 수 있음에 감사
아침마다 햇빛을 보고 공기를 마실 수 있음에 감사

글씨를 읽고 쓸 수 있어
지금 이 시를 만날 수 있음에 감사

기도하는 밤

사랑하는 자에게 잠을 주시는
그분이 내 곁에 계셔야 단잠을 잔다

힘들 때 아버지를 부르며
큰소리로 기도하는 나의 밤들

그럼에도 대답 못들은 채 잠든 밤엔
나는 외롭기만 했다

산꼭대기 바위 위에 앉아
밤 12시까지 기도하면

온몸은 불덩이같이 열이 나고
발은 너무 시리는 때에

따뜻한 빛으로 내 발을 녹여주시는
그분에게 감사한다

외국어 공부

다른 나라의 언어를 공부하면
단순히 글자만을 배우는 게 아닌
그 민족의 문화와 배경과 사상
이러한 모든 것을 동시에 공부한다

그리하여
하나의 언어를 구사한다는 건
그 나라의 민족정신을 이해한다는 의미가 된다

나는 한때 영어를 배움으로
직접 살아보고 체험해보지 못한
또 다른 미지의 세계를 이해할 수 있었다

힘들었지만 값지었던 그 시간이
큰 경험과 재산으로 남아
참으로 감사할 뿐이다

이름

누구나 여러 이름을 가진다

가문의 이름 김씨
고유의 이름 면희
별명인 이름 솔매

역할에 따른 이름도 있다

남편에겐 아내
자식에겐 엄마
손주에겐 할머니
교인에겐 권사
작품에겐 문인

하지만 이러한 이름이
나를 정의하는 전부가 아니다

나의 이름들을 모두 벗어던져
개명을 하더라도
직책이 사라져도
나는 여전히 나이다

그렇다면 나는 누구일까
진정한 나를 찾아가는 것이
우리 각자 삶에의 숙제이다

종교의 참뜻

宗敎란 한자의 뜻은 으뜸가는 가르침이다
宗을 파자해보면 갓머리와 보일 시
곧 하늘에서 보여주는 것이
최고로 으뜸이라는 뜻이다

인생은 아무리 그 의미를 찾아 헤매어도
하늘의 뜻을 감히 알 수 없다
하늘의 신만이 인생의 목적과 그 의미를
알려줄 수 있으리라

세상엔 많은 종교가 있지만
생로병사의 기본적 문제 하나조차
그 원인과 해결책을 주지 못한다

그 하나를 깨닫기 위해
평생을 노력하고 방황하였더라도
각자의 방향으로 헤매다 끝내 알 수 없었더라는
여러 역사 인물들의 고백이 있다

과연 태어났다 흙으로 돌아갈 수밖에 없는
그러한 쳇바퀴에 살아야 하는 인생의 이유가 무엇일까

그 옛날 모든 것 누리었던 진시황제도
결국 불로초가 간절했던 이유는 무엇일까

아무리 땅에서 연구하더라도
위에서 알려주어야 모든 것을 깨달을 수 있다면
나는 기꺼이 하늘의 그 뜻을 알고 싶을 뿐이다

믿음과 불신

믿음이란 무엇인가
어떻게 해야 믿을 수 있는가

어떠한 존재를 믿는다는 것은
앎이라는 전제가 필수 요소이다

보이지 않는 영적인 존재이든
육안으로 볼 수 있는 육적인 개체이든

우리는 그 상대를 앎으로써 얻게 된
신뢰를 바탕으로 인하여 비로소
참된 관계가 시작되는 것이다

아는 것이 곧 믿음이다
길에 스쳐지나가는 알지 못하는
처음 보는 이에게
쉽사리 믿고 돈을 빌려줄 수 없듯이

그의 역사와 현재와 앞으로의 미래를 앎으로써
그의 존재를 비로소 신뢰할 수 있다

반면 불신이란

상대를 제대로 알지 못할 때에 싹트는 회의이다
내가 믿고 있는 모든 존재를
진정으로 믿고 사랑하기 위하여
서로 대화하고 알아가는 시간이야말로
참으로 필수적이며 소중한 노력이리라

시대의 산증인

조그마한 네모 모양을
꾹꾹 몇 번 누르기만 해도
금세 지구 정반대편 친구와
실시간으로 소통할 수 있는 시대

커다란 네모 상자 안에
조금만 편히 앉아있기만 해도
서울 이 끝에서 저 끝까지
금세 다다를 수 있는 시대

옛날 고무신 신던 시절부터
아날로그를 지나
스마트 시대를 체험하고
지금도 과학발전의 산물을 이뤄가는 오늘까지

나는 이 모든 과정을 일생동안 직접 겪어와
살아있는 역사가 되었다

지금 세대들은 결코 알 수 없는
지나간 그 시절의 냄새
당시의 사람들만이 공유할 수 있는
그 시절의 공기

여러 시대의 빠른 변화를
시대마다 보고 체험할 수 있는
산증인이 될 수 있음에 감사하다

산증인의 시대감은 가히
돈으로도 살 수 없는 귀한 보물이자
하늘에게 받은 선물이다

믿음

믿음은 신앙에서 뿐만이 아니라
우리가 세상 속에 사는 동안 누구를 믿는가
그것 또한 믿음이다
은행 지점장님을 믿으니까 우리 재정을
있는 대로 맡기는 것이 믿음이다

부부사이도 서로 믿지 않으면
사랑과 신뢰를 하지 못한다
내 자신도 내가 확실히
믿지 않으면 실패한다
내가 하는 일도 믿고서 해야 된다

제자가 스승님을 믿지 않으면
성공 못 한다
신앙생활도 믿지 않는 신앙은
물거품이 될 수 있다
친구도 사람도
믿음직스런 인물을 만나면
사람사이에서 모든 일이
성취된다고 생각한다
사람 한번 잘못 만나면 실패한다

판단력이 내 마음 속에서
믿음이 발동해야 한다
농부가 씨앗을 뿌릴 때
가을의 수확을 믿지 않으면
수확이 없다
세상사 역경을 믿고 헤치지
않으면 실패한다
내 자신의 건강도 믿고 나가면 신이 역사한다

자수성가

부모님 유산은 달랑 쌀 한 가마
빈손 들고 시작하여 이룬 자수성가

가난이 힘들어서 언제나 제일 부지런하게
열심히 살았던 나의 옛 시간

수업시간에도 제일 앞자리
누구보다 앞서가고 싶다

내 명찰이 있는 데가
뒷자리 인 건 싫다

시작이 반이라고 열심만 하면
모두가 거의 성취되었다

힘닿는 데까지 열심히 해 노력의 대가는 얻었지만
그새 세월이 너무 빠르게 가버렸다

부지런한 새벽기도가
지금까지의 내 생명이었다

자화상

날마다 변함없이 세월은 흘러도
줄어들지는 않은 것은
추억이 되고 그리움이 된다
날짜 속에서 변하지 않은 것이
진실과 성실한 마음일까
아픈 시련에도 흔들리지 않는 것은
신앙의 훈련이다
흐린 날 많았던 지난 시절
배시시 해님이 나올 때면 또 하루를 시작한다
그저 주어진 삶에 충실했을 뿐
욕심 없이 살아온 덧없는 삶

아름다운 꽃처럼 머물다
가는 것이 인생이다

시간 속에서 길게 걸어간다

오늘도 내게 주어진 시간 속에 기도로
가슴 속에 채우지 않으면 내 삶을 엮어 낼 수 없다
별빛처럼 스며드는 그리움을 안으며 밤을 새우고도
그분은 내 마음속에 멀어질 수 없는 것
이제 뼛속깊이 머물러 나의 분신이 되어 있는
위대하신 분이기 때문이었다
긴 밤의 여정을 달려온 이슬방울
자줏빛 같은 햇살은 창가에 내려놓으면
새벽 길 밟으며 당신을 만나러 가는 길목마다
낯익은 미소로 나를 어루만져 주는
그 사랑 속에서

첫 시간부터 깊은 사랑으로 행복을 주는
그분 때문에 마음속에 늘 사랑이 넘친다

세계 평화

요즘 언론을 통해
심심찮게 평화라는 단어를 볼 수 있다
단연 평화라는 것이 세계 유일한 분단국가
한반도만의 문제가 아님을
지구촌 모든 이들은 깨닫는다
온 세계가 주목하고 있는 이슈의 제목, 평화
어떻게 해야
진정한 평화로가 루어질 수 있을까
경제가 정치가 통합되어야 할까
과연 그것이 근본적인 해결책은 아니었다
이념과 가치관의 통일이 우선이리라
모든 이들이 원하는 바는
하나 된 마음과 하나 된 뜻
각 국의 피부색과 언어가 다를지라도
우리의 그 정신이 하나 된다면
비로소 참된 평화의 세계가 이루어지리

사랑하는 나의 동반자

밥그릇 다섯 개 국그릇 다섯 개
식탁 위에 놓고 아침이면 재촉하는 여인
학생들 수업이 늦을까봐 아우성치는 여인
그때가 그립다

지금은 각자 자기 자리 채우려고
자리를 비워주는 자녀들
서로의 눈빛으로 달콤한 솜사탕처럼
부드러운 영원한 동반자

이제는 식탁 위에
밥그릇 두 개 국 그릇 두 개
달랑 올려져 있지만
동반자가 있어 외롭지 않다

가진 것 없이 소박함으로 살아온 인생
당신과 내 곁으로 세월이 살며시 다가오면
부대끼며 살았던 힘들었던 추억 떠올리며
당신과 영원히 함께 하리라

왕언니

어디로 가나 왕언니
문학운동 교실에서도
왕언니

젊어서 어깨에 힘주고
높은 구두 신고 스커트 치마 차림에
모양을 내었지만

머리가 희어지고
발길이 무거워 가벼운 신을
신고 다니는 모습

제 아무리 건강한
육체도 젊음도
가는 세월
얹어주는 무게 아래서는 잡을 수 없다

그리움 속에
젊음도 다시 살고 싶다

내 인생에 박수를 보낸다

가슴에 카네이션 달고 지난 세월 추억하며 자축한다
한 걸음 한 걸음 거북이처럼 늦게 떠난 등정길
더 낮은 자세로 세상을 이기는 비결 멍에처럼 무거웠다
오아시스 찾지 못한 사막의 여로
은하수 별빛 안내받아 떠오르는 달과
등뼈가 오그라지도록 불태우는 태양이
이기지 못하고 지고 기어이 살아남은
내 인생에 박수를 보낸다

인간답게 사는 것이 인간이다
인간만이 신과의 대화가 있고
조물주의 주문대로 사는 삶을 받았다
말하고 노래하고 춤을 추는 인간
자기 의지가 있고 생각이 있고
발전이 있고 미래를 품고 산다
인간은 역사를 남긴다
자신이 역사의 시발점이요
역사는 결코 연습하지 않는다

구름이 하늘에 떠 있어도
단 한 번도 같은 모형을 그리지 않음같이
인간의 역사는 진행될 뿐이다

나무는 무성한 나뭇잎이 낙엽이 되고
앙상한 가지만이 남듯이
낙엽은 역사가 아니다

먼 나라로 떠난 언니

고요한 시간을 이용해
메시지가 날아온다

슬프게 들려오는 소리
98세에 별세한 핏줄의 만형이다

어둠 속에서 방황하는 마음
달그림자 물속에 빠져 허우적대고 있다

메마른 눈동자에 어디선가 샘 쏟는 듯 눈물이
내 얼굴을 뜨겁게 하는 시간이다

무거운 줄을 타고 가는 심정
소리 없이 달빛 속에 사라져버렸다

이제는 모두가 그리움만
추억으로 남았다

개나리꽃

꽃을 보고서야 봄의 색깔을 알아본다
산과 들에서 자유롭게 피지 아니하고
토담길에 어울려 웃는 모습이 정겹다
추운 겨울을 견디어 낸 그들에게
봄날의 색깔을 합창으로 전해주고 있다
서로 어울림 속에서 반갑게 맞아주는
노란 미소가 봄의 색깔을 만들어간다
나는 일주일에 한 번씩 꽃하고 친구가 되고
돌아오면 꽃몸살을 앓는다
꽃꽂이 작품을 내기에는 고달프고 힘들지만
다행히 개나리꽃 조팝꽃이 나를 도와준다
축축 휘늘어진 능수개나리덩굴이
제법 날개 달고 아름다워 보였다

유년시절 활짝 핀 개나리울타리를 한없이 따라가던
어린 여자아이가 밝게 웃는다

수채화를 그리다

서산 끝은 해가 마지막 물감을 붓고 있다
못내 아쉬운 듯 느릿느릿 붓질을 하고 있다
산중턱에 거닐던 조각구름을 옮겨 놓는다
새하얀 깃털 한 개 똑 떨군다
그대 눈빛을 슬그머니 훔쳐보았다
애처로움에 하얀 손수건을 남겼다
가슴 속 비좁은 쪽방 안에서 웅크렸던 추억들이
슬그머니 눈곱을 비비며 기지개를 편다
잠시 눈을 감으며 어디서 본 듯한 무엇을 찾아
얼룩진 기억을 입김으로 닦는다
모락모락 밥 짓는 연기가 피어오른다
저무는 가을 하늘에
수채화 한 점 선명히 그려진다

팬지

얘는 꼭 이맘때 길거리에 나온다
아직은 찬바람 남아서 옷소매 차가울 때
꽃등 들고 나와
미리 오는 봄을 맞는다
아무렇게나 저절로
피는 꽃은 없다
누군가의 억울함과 슬픔과
기도가 쌓여 피는 꽃
다른 꽃들 나오기 시작하면
뒷걸음질로 숨는 아이
이 아이 다시 보려면
일 년은 또 기다려야만 한다

<작품해설>

도전은 학문의 최선이자 시정신의 본류

김순진(문학평론가 · 고려대 평생교육원 교수)

작품해설

도전은 학문의 최선이자 시정신의 본류

김순진(문학평론가 · 고려대 평생교육원 교수)

김면희 시인께서 첫 시집을 내신다. 평생 꿈꿔왔던 소원이 이루어지는 순간이다. 연만하신 나이인데도 김면희 시인은 아직 젊은 생각을 가지고 사신다. 그녀는 끊임없이 도전한다. 내가 왜 그녀를 젊다고 말하느냐 하면, 그의 끊임없는 도전정신은 젊은이들을 능가하기 때문이다. 나는 김면희 시인의 프로필을 받아들고 깜짝 놀랐다. 늦은 나이에 동서울대학교를 졸업하셨다는 것도 놀랍고, 더욱 놀라운 것은 그녀가 그렇게 많은 자격증과 수상경력이 있는 줄 몰랐다. 김면희 시인은 충청남도 보령시 미산면 남심리 출생하여 동서울대학교 졸업하고 이현복 교수님께서 창립한 계간 <수필춘추>에 등단하여 수필춘추문학상을 받은 문학도다. 그런데 그의 도전정신은 거기에 그치지 않는다. 나는 강의실에서는 나이나 남녀를 불문하고 지독한 채찍을 가하는 것으로 악명 높다. 나는 잘못된 부분은 노여움을 사더라도 지적해주기 때문에, 많은 사람들이 내 교육방식에 학교를 다니다 말고 화가 나서 그만두는 사례가 빈번하다.

그런 나의 엄격한 지도방침은 그것은 김면희 시인에게도 똑같이 적용된다. 김면희 시인 역시 나의 그런 지도방침에 대하여 노여움을 사기도 했지만, 내 기어코 좋은 시를 써내리라 생각하고 자존심을 굽히고 도전하며 열심히 공부를 해왔기 때문이 이런 출중한 시적 완성도를 가질 수 있지 않았나 생각하며, 그동안의 노고에 대하여 치하드린다.

이번에 시집을 내는 김면희 시집을 정리하고 분류하는 과정에 나는 매우 기쁘고 감동스러웠다. 왜냐하면, 김면희 시인은 젊은이들과 어깨를 나란히 하며 오히려 젊은이들의 허를 찌르는 시를 발표하고 있기 때문이다.

나는 김면희 시인의 시를 크게 네 가지로 요약하고자 한다. 첫째, 대상에 대한 심오한 관찰이다. 시인은 고매한 대상이든 하찮은 대상이든 구분하지 않고 어떤 대상이든 시적 대상으로 여기고 관찰하고 들여다보는 자신만의 잣대를 들이댄다. 두 번째, 대상에 대한 철저한 반성이다. 더 잘할 수 있었음에, 간과했던 과거에 대한 철저한 반성을 통해 자신을 더욱 새로운 나로 발전시켜나간다. 세 번째, 가족에 대한 특별한 사랑이다. 김면희 시인은 부모님과 배우자, 자식에 대하여 특별한 사랑의 눈을 가지고 있어 캐어하고 음식을 만들어 먹이는 것 말고 정신까지 공급한다. 네 번째로는 하나님에 대한 무조건적 경외심이다. 김면희 시인은 빠짐없이 교회와 새벽기도에 나가며 하나님의 말씀을 공경하고 순종하며 삶의 일부로 받아들임으로써 순종하고 봉사하는 자의 행복을 문학으로 형상화하고 있다.

그럼 이쯤에서 김면희 시인의 시를 몇 수 읽어보면서 그의 시적 완성도를 살펴보기로 하자.

어쩌다가 민요무대에 서게 돼
한복을 구입하고자 동대문시장에 갔다
한복을 맞추고 시장 입구를 나오는 중에
탑이 춤추듯 걸어간다 5층탑이다
좁은 시장 골목을 배달 나가는 아주머니
머리에 인 쟁반이 탑을 이루었다
아슬아슬 무너질 듯 얹은쟁반 옥개석 아래
사리합 같은 스텐 그릇엔 밥알이 사리로 담겼다
저보다 공든 탑이 어디 있겠는가
한 층씩 헐어서 밥 먹는 시장 사람들
채소 심고 벼 심는 농부들의 땀과
고기 잡고 김 파래 말리는 어부들의 땀과
숟가락 젓가락에 쟁반 그릇 만드는 노동자들의 땀이
고스란히 쌓고 쌓여 탑을 이루었다
얹은쟁반 옥개석을 5층까지 차곡차곡 포개 얹고
붐비는 시장 골목을 누비는 춤추는 쟁반탑의 주인은
온갖 지혜와 공덕을 쌓은 대한민국의 대표 서민 어머니
우수한 설교보다도 배고픈 중생의 시장기를 달래주는
저 무한한 자비의 5층 쟁반탑 밥사발 속 가득한 사리들로
시장 사람들의 번뇌와 죄악이 소멸된다
어머니 얼른 밭 매고 집으로 오세요
밥상이 고향 들 밭둑의 어머니를 부르고 있다

－「춤추는 탑」 전문

이 시는 이 시집의 제목으로 쓰고 싶었던 시다. 왜냐하면 웬만한 기성시인들도 이만한 완성도를 가진 시를 쓰기란 쉽지 않다. 이 시는 우연하게 들린 동대문시장에서 밥 배달 아주머니가 머리에 이고 가는 쟁반탑을 보며 쓴 시다. 시인의 말을 빌리자면 춤추듯 걸어가는 5층 쟁반탑 안에 밥그릇은 사리가 담긴 탑이다. 좋은 시를 쓰려면 시인은 특별한 자기만의 도구를 가져야만 한다. 남들이 가지고 있는 똑 같은 잣대로는 새롭게 생겨나는 질량과 부피에 대하여 혜량할 수 없다. 솜 한 근과 쇠 한 근은 똑같은 무게지만 솜 한 근이 훨씬 가벼울 것 같다. 그렇지만 쇠 한 근을 재려면 어떤 저울을 사용해도 되겠지만 솜 한 근을 재려면 엄청 넓은 저울 위에 올려놓아야 한다. 그것을 우리는 사랑이라는 저울이라 말한다. 김면희 시인께서 동대문 시장에서 본 쟁반탑은 지금껏 아무도 바라보지 못한 그녀만의 도구를 통해 바라본 탑이다. 그 탑 위에 올려진 밥공기 또한 아무도 보지 못한 사리함이다. 탑을 한 층씩 헐어서 밥을 먹는 시장사람들은 자신의 소망을 가슴에 공든 탑으로 한 층 한 층 쌓아올린다. "채소 심고 벼 심는 농부들의 땀과 / 고기 잡고 김 파래 말리는 어부들의 땀과 / 숟가락 젓가락에 쟁반 그릇 만드는 노동자들의 땀이 / 고스란히 쌓고 쌓여 탑을 이루"어짐을 시인은 보아낸다. 참으로 세상에 대한 그윽하고도 어진 눈이다. 김면희 시인이 이 시를 써냈을 때 나는 김면희 시인이 불교신자인가 의심했다. 그런데 그녀는 독실한 크리스

찬이다. 그렇지만 한국에서 DNA를 가지고 자란 그녀는 우리나라의 오랜 불교문화에 익숙하다. 그래서 그 쟁반탑을 머리에 이고 나르는 대한민국의 어머니를 "온갖 지혜와 공덕을 쌓은 대한민국의 대표 서민 어머니"라고 볼 수 있었던 것이고 그 장반탑의 밥을 한 층씩 헐어서 먹는 "시장사람들의 번뇌와 죄악이 소멸되는 된다"는 것을 보아낼 수 있었던 것이다. 앞서 말한 바와 같이, 대상에 대한 심오한 관찰을 하고 있는 것이다. 이는 나는 종교가 기독교 이지만 그렇다고 문화까지 부정할 필요는 없다는 생각이 시적 대상을 제대로 읽어내게 하는 것이다.

가난한 시절 한 푼 두 푼 모아 통장에 저축했다
하루에 한 번씩 통장을 보면서 내 자신이 흐뭇했다
갑자기 어느 학생이 아버지를 일찍 여의고
대학 등록금이 없어 등록을 포기했다는 소리를 들었다
며칠을 고민 끝에 학교에 등록을 해주고 밤잠을 이루지 못했다
돈이 그리워 몸부림쳤다
그때 그 학생 등록금을 안 주었더라면
그 돈이 지금도 내 통장에 있을까
착각이다 철없는 뒷모습이 부끄럽다
어느 해 추운 겨울이었다
너무 가난해서 그 해 김장을 못했다
아이가 감기에 걸려 몹시 시달렸다
엄마의 콩나물국에 김치 먹고 싶다 했다
나는 그 말을 듣고 한밤중에 밖에 나와
하늘만 쳐다봐야 했다

유난히 밝은 달이 나를 힘들게 하였다
우연히 옆집 아주머니를 만나 사실대로 이야기를 했다
얼른 마당에 묻힌 김치 독에서 김치 두 포기를 주신다
나는 쌀 한가마니보다 더 반가웠다
콩나물국과 김치에 아이의 감기가 물려갔다

그 아주머니 연락처만 안다면
올겨울 그 집 김장을 내가 책임지고 싶다

–「등록금과 김치」 전문

이 시 또한 김면희 시인이 세상에 대하여 얼마나 그윽한 관찰을 하고 있는가를 잘 보여주는 시다. 대학 등록금을 내지 못해 등록을 포기해야만 하는 상황에 놓인 학생에 대한 동정심과 신혼 초기 사는 것이 너무 어려워 김장을 포기해야만 했을 때의 주인아주머니가 주신 김장김치 두 포기에 대한 대조적 상황은 아이러니하게도 너무나 잘 들어맞는다. 요즘은 참으로 좋은 세상이다. 아무리 가난하다고 하더라도 정부에서 등록금과 용돈까지 융자해주는 세상이니 가난해서 대학을 못 갔다는 말은 옛말이 되었다. 나는 일찍 어머니를 여의고 공장에 간 까닭에 고등학교도 제 때에 다니지 못했고 대학도 아이들을 낳고 기르며 뒤늦게 방송통신대학교를 다녔다. 김면희 시인께서도 그런 줄 안다. 늦게 동서울대학교를 졸업하고 보육교사 자격증을 취득한 줄 안다. 그러니 등록금이 없어 등록하지 못하는 대학생의 이야기를 들었을 때 속으로부터 올라오는 안타까움이 남달

랐을 것 같다. “가난한 시절 한 푼 두 푼 모아 통장에 저축”해 “하루에 한 번씩 통장을 보면서” 흐뭇해하다가 그 대학생의 소식을 듣고 선뜻 등록금을 내주었다는 일화는 가히 감동된다. 우리는 이러한 선의를 통해서 10년씩 아무 탈 없이 살아지는 것이라고 나는 믿는다. 그래서 나는 사는 것이 어렵고 힘들 때면 선의를 베풀어 왔다. 부자라서 남을 돕는 것이 아니다. 어려운 상황에 닥친 그 사람의 마음이 되어보면 안 돕고는 괴로워서 못 배긴다. 그런 선의는 곧 나를 존경받는 사람의 대열에 밀어 올리는 것이다. 그리고 그때 그 돈을 대학생의 등록금으로 주었기 때문에 평생 동안 잘 한 일이라 생각하는 것이지, 만일 나와 상관없는 일이라 치부했다면, 아마도 이런 시조차 쓰지 못했을 것이다. 그리고 고작 주인아주머니에게 김장김치 두 포기를 얻어먹었지만, 어려운 살림살이에 김장을 하지 못했던 신혼 주부에게는 평생 잊지 못할 고마움이 되었으니, 남을 돕고 산다는 것은 김장김치 두 포기 나누는 일처럼 어려운 일이 아니라는 것을 우리는 이 시에서 읽는다.

우리 마을 위에는 칼바위가 있다
동네 중심에 개울이 있고
붕대로 칭칭 감은 100년 된 정자나무 밑에서
장구치고 북치고 떡시루 고사 지내고 푸짐했다
겨울 동안 잠자던 논과 밭두렁 소를 앞세우고
쟁기로 깊이 파 수수심고 콩 심어 알곡을 기대했다
어머니 삼베 적삼 기어 입고 가마솥에 밥을 지어

주머니에 변또를 넣어주셨다
허기진 마음에 뚜껑을 열어보면 반찬은 고추장 이미 비빔밥이 되었다
책 보따리 허리춤에 채우고 집에 오면 밀기울로
개떡 쪄서 등판에 놓으시고 어머니는 일 가시어 보이지 않는다
밤이면 길쌈하여 찔꿍짤꿍 삼베 짜는 소리
장단 맞춰 콧노래 부르시던 우리 어머니

칼바위만 여전히 어머니처럼 그 자리에 서 계신다

－「칼바위 어머니」 전문

동네마다 특별한 지명이 있다. 충청남도 보령시 미산면 남심리 산에는 칼바위라는 바위가 있었나 보다. 우리 시골 산에는 개이빨산이란 산이 있다. 산의 생김새가 영락없이 개의 이빨처럼 생겨서 개이빨산이라 부르기도 하고 견치봉(犬齒峰)이라 부르기도 한다. 아마도 남심리에 있는 칼바위는 칼처럼 날카롭게 생겼을 것 같다. 현대사회에 있어 칼이란 여성들의 전유물이다. 과거에는 전장에서 장수들이 칼을 들고 싸웠지만, 총이 개발된 근세에 들어와서는 칼은 여성들이 주방에서나 쓰는 존재로 여겨왔을 뿐, 남자요리사, 남자주방장이라는 호칭도 생긴 지 그리 오래되지 않는다. 그러니 김면희 시인에게 있어 칼바위는 어머니처럼 굳게 집을 지키고 보호하고 캐어하는 존재로서의 상징으로 느껴졌을 것 같다. 김면희 시인이 어릴 적 심동길 곳곳에서 쑥을

뜯고 학교를 오가며 대농천에서 멱을 감다가 어머니가 "면희야, 면희야 밥먹어라"하고 부르시는 소리가 들리면 "네……."하고 쪼르륵 달려가던 시절이 그리울 것 같다. 정자나무 아래서 고사를 지내고, 어머니 아버지는 쟁기질로 논밭을 갈아 파 수수 콩을 심던 풍경은 시골출신이면 누구나 눈에 선한 풍경이다 변또 속에서 뒤범벅된 도시락 반찬, 마루에 있던 밀기울 개떡……. 눈물 나게 그리운 풍경이다. 우리 집도 초가집이었다. 황토흙 개어 찍고 바른 흙벽집의 처마 밑은 연기에 까맣게 그을린 거미줄이 주레주레 매달렸었다. 싸릿가지를 펴서 만든 들창이 있는 방안엔 반닫이 궤짝 두 개가 놓여 있었고, 그 위엔 목화솜 넣은 광목이불누더기가 얹혀있던 기억이 어렴풋하다. 부엌엔 무쇠솥이 걸려 있었고, 그 위에 걸린 대조리, 나무주걱, 나무뿌리솥씻개가 걸려 있고, 사과 궤짝을 층층이 얹은 찬장에는 보리밥에 찐 깻잎 장아찌와 낮에 먹던 호박푸렁이가 시커멓게 바랜 놋그릇에 반 주발 쯤 담겨 있었던 기억이 있다. 졸참나무 틀어박은 울타리엔 파랑꽃 강낭콩이 기어오르고, 누우런 늙은 매달려 있었다. 울타리 밑엔 매닭 꿩닭들이 흙 목욕에 토실토실 뽀얗고, 고무신 물어뜯던 삽살개는 숨을 헐떡이며 마루 밑에 잠자고, 나는 툇마루에 가방을 팽개치고 연필에 침을 바르며 갸우뚱 갸우뚱 숙제를 했던 기억이 그립다. 그런 풍경을 담아낸 김면희 시인의 시에 우리는 눈을 떼지 못한다.

미련 없이 후회 없이 당당하게 일어나
내 몸과 정신에게 물어본다
나와의 대화 속에 하루를 만드는 설계자가 되어
먼 미래를 향해 달려간다
인생살이는 쳇바퀴 돌 듯 그 자리에서 맴돌지만
세월을 쪼개어 되새겨 보면
가느다란 그 초침 위에 소중한 사람과 마주하고 있다
나만이 부푼 꿈을 가득 실은 세월의 기차를 타고서
타오를 듯 터질 듯 뜨겁게 달려간다
그러게 매일 새로이 소중한 순간의 가치를 선물하는
시계는 세상에 둘도 없는 나의 친구
어린 때 울던 목소리가 반백의 친구
지금도 떠오르는 어련한 얼굴에 허망한 마음 추스를 길 없다
사랑하고 기뻐하고 슬퍼해도 늘 아쉬움이 남는 숱한 사연들
뒤돌아보면 어느덧 반백의 모자를 쓰고 있다
이제 내 인생의 책이 몇 권인지 가슴에 지닌 채
지난 일들을 작은 추억 속에 묻어버린 채
한 해의 반쯤 지난 달력을 바라본다

－「달력의 이면」 전문

이 시는 이 시집의 제목이 된 시다. 김면희 시인은 어떤 시를 시집의 제목으로 삼을까 내심 큰 고민을 했을 것 같다. 이 시를 자세히, 그리고 여러 번 곱씹어 읽어보니 왜 이 시를 귀하디귀한 첫 시집의 제목으로 정했는지 김면희 시인의 마음을 알 것 같다. 달력이란 세월을 대변하는 말이다. 이 시에 있어 세월이란 단순

히 나이만을 가리키는 말은 아니다. 그래서 김면희 시인은 많은 세월이 경과한 자신에게 "미련 없이 후회 없이 당당하게 일어나 / 내 몸과 정신에게 물어본다"고 말한다. 무엇을 물어보았을까? 어떤 것을 물어보았을까?

우선 하루를 잘 살았느냐고 자신에게 물어볼 것 같다. 그 다음에는 한 달을 잘 살았느냐고 물어볼 것 같고, 그 다음에는 한 계절을 잘 살았느냐 물어볼 것 같고, 그 다음에는 1년을 잘 살았느냐고 자신에게 물어볼 것 같다. 그런 물음, 즉 마인드컨트롤은 자신을 키우는 동력이 된다. 나는 누구인가, 나는 무엇을 하는 사람인가, 나는 어머니인가, 여자인가, 인간인가, 시인인가, 살아있는 사람인가? 그런 끊임없는 질문을 자신에게 던질 때마다 어머니는 다시 자애로운 어머니로 다시 태어난다. 여자는 다시 여자다운 여자가 된다. 이기주의적인 사람, 짐승 같은 사람에서 인간으로 되돌아온다. 무감각한 사람에서 풀꽃을 감탄하고 낙엽을 사랑하는 시인이 된다. 무기력하고 무능한 노인에서 젊은이로 되돌아오게 되는 것이다. 그러니 달력이란 이름은 지나가는 나그네의 이름이요, 달력의 이면이란 이름은 그 세월을 견뎌준, 그 세월이 있게 한, 그 세월동안 함께 한 배우자와 가족과 수많은 이유들에 대한 다독거림이다. 달력에는 결혼기념일이나 식구들의 생일, 부모님의 제삿날, 동창회, 기도원 가는 날, 부흥회 하는 날, 외국여행 가는 날 등 수많은 일정들이 기록되고, 우리는 그 일정을 따라 준비하고 수행하며 돌아와 결과를 가슴에 기록한다. 그리고 그것을 추억이라 말한다. 그래서 시인은 "세월을 쪼개어 되새겨 보면 / 가느다란 그 초침 위에 소중한 사람과 마주하고 있다"고 말하는 것이다. 결국 달력이라는 것은 세월의 기차에 달린 한 칸 한 칸 기차의 량인데 누구나 자기 자신 즉 "나만이 부푼 꿈을 가득 실은 세월의 기차를 타고서 / 타오를 듯 터질 듯 뜨겁게 달려"가는 것이라고 김면희 시인은 이 시에서 말하고 있다. 그러니 달력이란 기차가 달리기 위해서는 부모님이나 고향 같은 레일도 필요하고, 부부나 자녀 같은 손님도 필요하며, 시인이나 대학, 여행 같은 풍경도 필요할 것 같다. 우리는 달력의 이면을 소중히 해야 한다.

4월 28일 하남 효덕요양원 방문했다
어르신들은 우리 봉사단을 맞이하려
머리에 하얀 벚꽃으로 치장하고
휠체어 타고 여행길을 나오듯 기쁨으로 줄지어 나온다
그들을 받아줄 자식이 없고
머문 이곳이 내 집이라 하신다
그들은 고독과 인내를 만들어 바로 나타날 것 같다
기다림을 가슴에 담고 설레며 오만 상상을 수놓고 있다
우리들은 그들을 위하여 이벤트를 정성껏 준비했다
나는 그들에게 들려줄 시와 노래를 부른다
나 또한 어머니 생각에 감동되어 눈물을 보였다
선물도 준비하여 박수를 힘차게 치시면 팔찌를 드렸다
어느 104세 되신 할아버지가 열심히 손뼉을 치시어 눈길

이 갔다
무엇이든지 소망 중에 꿈을 가지고 노력하면 그것이 성공이라 느꼈다
그 할아버지는 가을 단풍에도 지게를 내려놓고
툇마루에 앉아 홀로 발톱을 깎으신다
무언의 시간 속에 방울방울 먼 길 떠날 준비를 하는 봄날이다

부러진 날갯죽지에도 날고 싶은 욕망의 끝자락에서
할퀴고 뜯긴 채 불효만이 허공을 찌른다

－「요양원 방문」 전문

김면희 시인은 정기적으로 날짜를 정해놓고 요양원을 방문하여 목욕봉사, 식사봉사, 레크리에이션 봉사 같은 재능기부를 하고 계신다. 참으로 아름다운 인생이다. 김면희 시인은 봉사를 하실 나이가 아니라 오히려 봉사 받으실 나이이다. 그런데 몸이 건강하여, 정신이 건강하여, 그리고 평생 열심히 살아온 결과를 통하여 요양원에 봉사를 하러 다니시는 것이다. 우리는 나눌 때 진실로 기뻐진다. 물건이든 웃음이든 노래든 봉사든 나누는 것의 종류에는 구분이 없다. 무엇이든 자신이 많이 가진 것을 나누며 살면 되는 것이다. 남을 잘 웃길 줄 아는 사람은 웃음을 나누면 되고, 힘이 센 사람은 물건을 들어주면 되고, 도배를 할 줄 아는 사람이나 청소를 잘 하는 사람, 빨래를 할 수 있는 사람은 그것들을 나누면 된다. 그런데 우리는 가진 사람만 나눌 수

있는 것으로 착각한다. 그런데 정작 나눌 줄 아는 사람은 소시민들이지 큰 부자들이 아니다. 아파본 사람만이 남의 아픔을 알기 때문이다. 봉사란 말을 국어사전에 찾아보니 "국가나 사회 또는 남을 위하여 자신을 돌보지 아니하고 애씀"이라 나와 있다. 나는 그동안 봉사라는 말이 적당히 시간이나 때우면서 봉사점수를 받아가는 학생들에게 적용되는 이야기인 줄 알았다. 그래서 시간 많은 사람들이 하거나 봉사점수가 모자란 학생들이 억지로 하는 봉사가 봉사의 주류를 이루고 있다는 생각을 해왔다. 그런데 이제 봉사의 개념을 바꾸어야 할 것 같다. 국어사전대로 말한다면 국가나 사회 또는 남을 위하여 자신을 돌보지 아니하고 애써야 하는 것이 봉사다. 누가 알아주거니 하면 일단 봉사가 아니다. 보상을 받으려고 한다면 그것 또한 봉사가 아니다. 봉사란 오직 자신을 돌보지 아니하고 냄새가 나거나 먼지가 나거나 구정물이거나 흙탕물이거나 옷을 적시거나 먼지가 묻거나 그런 이유를 묻지 않고 남을 위하여 자신을 내려놓고 오직 그 사람을 위해 열심히 애쓰는 것을 말하는 일이니, 김면희 시인께서 하시는 봉사활동에 옷깃이 스며진다. 김면희 시인은 김장을 못할 정도로 어려워도 봤고, 어릴 적 농촌에서 소박하게 자라면서 시루떡을 나누고, 못밥을 나누어먹어보았기 때문에 나눔의 소중함을 아신다. 나는 김면희 시인 같이 연만하신 연세에도 요양원에 봉사를 다니신다는 말씀을 듣고 크게 반성했다. 작은 물질이지만, 약간의 노동이지만, 좀 더 나누고 봉사를 실천해야겠다는 생각이 절실해진다.

시를 퇴고하듯이 어제를 바꿀 수 있다면
어디서부터 손댈까 무엇부터 고칠까
새롭게 쓸 수 있다면 새로 쓰며 살고 싶다

아픈 날을 지워놓고 눈물마저 거두고
가슴 떨리게 좋은 날 날아다닐 듯 행복한 날
이보다 좋을 수 없는 기적을 만들어 볼까

실수조차 내가 살아온 삶의 일부였기에
누구에게나 똑같은 시간 앞에서 주어지는
그래서 퇴고 불가한 내 인생을 사랑한다

숨결 닿은 곳마다 살아있는 기억은
나를 고칠 수 없었던 소중한 날이
함부로 손 댈 수 없는 단단한 울타리다

－「나를 퇴고하다」 전문

지금 이 글을 쓰고 있는 시간은 새벽 두 시, 창밖에는 거센 비가 쏟아지고 있다. 하나님은 그간의 가뭄을 퇴고하고 있는 중이다. 더딘 초록을 퇴고하고 있는 중이다. 풀꽃의 부진을 퇴고하고 있는 중이다. 강물의 수위를 퇴고하고 있는 중이다. 황사의 오류를 퇴고하고 있는 중이다. 미세먼지의 부당함을 퇴고하고 있는 중이다. 밤의 적막을 퇴고하고 있는 중이다. 차량의 질주를 퇴고하고 있는 중이다. 도둑의 위험성을 퇴고하고 있는 중이다. 비조차 자신을 퇴고하는데 우리 인간이 자신의 삶을 퇴고하지 못한다면 누가 자신의 삶을 퇴고할 수 있단 말인가? 나는 김면희 시인이 쓰신 이 시 「나를 퇴고하다」가 너무나 마음에 든다. 너무나 공감이 가는 시다. 우리가 시를 쓰는 이유 중이 특별한 이유는 자신을 되돌아보는 일이다. 반성하는 일이다. 성찰하는 일이다. 그리하여 다시금 그런 오류를 범하지 않는 일이다. 참새가 나무에 앉을 때 무료로 앉는 것이 아니다. 짹짹짹, 나무가 여기 있으니 비행기는 이쪽으로 비행하지 말아달라는, 연은 걸리지 말아달라는, 자동차는 이쪽으로 운행하지 말아달라는 수고에 대하여 우리는 간과한다. 겨우 참새가 하는 말이니, 무시해도 좋다고 생각한다. 그런데 그런 참새의 말을 무시했다가는 큰코다치기 십상이다. 겨울이 오고 있으니, 여름이 오고 있으니, 사랑이 떠나가고 있으니, 당신이 포악해져가고 있느니 잠시 걸음을 멈추고 그늘에서 쉬며 자신을 돌아다보라는 말인데, 우리는 참새의 말을 들으려 하지 않고 우리의 문장 식으로 써내려간다. 자연을 자연으로 받아들여야 하는데 인간으로서 퇴고가 없이 때문에 생기는 오류다. 그런데 김면희 시인은 자신의 인생까지 퇴고하기 위해 그간 지나온 수많은 인생을 구겨 휴지통에 넣어버리고 여전히 새로운 인생 문장을 꿈꾼다. "시를 퇴고하듯이 어제를 바꿀 수 있다면 / 어디서부터 손댈까 무엇부터 고칠까"를 고민하며 "새롭게 쓸 수 있다면 새로 쓰며 살고 싶다"단 소망을 가진다. 새로 쓸 수 있다는 것, 그것이 창작인데, 김면희 시인이 쓸 수 있는 김면희 시인의 역사는 "1940년 태어남, 1950년 전쟁이 일어남, 1981년 광주민주화운동이 일어남" 같은 시간에 따른 역사가 아니라, "풀꽃을 노래함, 길에 순종함, 빗줄기에 찬사를 보냄" 같은 감정의 역사를 쓸 때만 그 역사가 길이길이 기록될 수 있는 역사이다.

포근하고 따뜻한 마음으로
누군가를 위해 기도를 올린다
나와의 대화 속에
사랑만 했으면 좋겠다
기도의 욕심은 괜찮을까
사는 동안 평안을 구한다

추운 겨울 아픈 가슴
이제 다 내려놓고
창문 틈으로 들어오는
맑은 햇빛 가슴에 품고 싶다

누군가 아픈 사람에게
누군가 고통으로 눈물 흘리는 사람에게

나의 간절함을 예쁘게 포장해서
진심을 다해 정성을 다해
간구하며 기도를 올린다

- 「기도하는 여인」 전문

나는 부모님을 믿는다. 나는 아내를 믿는다. 나는 내 자식들을 믿는다. 나는 내 시를 믿는다. 나는 내 길을 믿는다. 나는 풀꽃을 믿는다. 나는 책을 믿는다. 나는 밥을 믿는다. 나는 똥을 믿는다. 나는 시계를 믿는다. 나는 돌아가신 부모님께서 우리를 돌보고 계심을 믿는다. 나는 내 아내가 오직 우리 가족을 위해 수고하고 있는 것을 믿는다. 나는 내 자식들이 사회에 봉사하며 인간답게 살아갈 아이들이라는 것을 믿는다. 나는 나의 시가 나를 배반하지 않고 나를 위로 밀어 올려줄 것을 믿는다. 나는 내가 선택한 길이 아무도 갈 수 없는 나만의 길이며 내가 가야만하는 길인 것을 믿는다. 나는 풀꽃이야말로 내가 가장 큰 기쁨을 주며 내가 들여다보고 있을 때 풀꽃은 내게 더 큰 사랑을 줄 것이란 것을 믿는다. 나는 내가 읽고 있는 그 책이 나를 더욱 현명한 사람으로 이끌어줄 것을 믿는다. 나는 이 푸성귀 가득한 밥이 고기 풍성한 밥보다 훨씬 나의 건강을 지켜줄 것이란 걸 믿는다. 나는 내가 싸는 똥이 검으면 술을 덜 마셔야 하고 황금색이면 잘 하고 있음을 믿는다. 나는 내 시계가 나를 환갑의 나이에 오게 했고 앞으로도 더 늙어가게 하겠지만 그것이 그의 성장방식이라는 것을 믿는다. 믿는 자에게는 기쁨이 있다. 믿지 아니하는 자가 가장 불행하다는 말이 있다. 그런데 아무리 행복한 믿음이라도, 아무리 중요한 믿음이라도, 아무리 변하지 않는 믿음이라도, 그런 작은 믿음 수백 가지로도 오직 한 분 주 예수 그리스도를 믿는 것에 비유할 수는 없다. 하나님은 수백 가지, 수천 가지의 믿음을 시험하고 답을 주신 분이기 때문이다. 김면희 시인은 믿는 자다. 하나님의 말씀을 전적으로 믿고 의지한다. 간구하며 매일 기도를 올린다. 그래서 그녀는 얻는다. 그가 간구해 얻는 것은 물질이 아니라 행복이다. 인간의 행복은 물질이나 욕구로 채워지는 것이 아니라, 믿고 의지하며 맡겨서 확신을 가질 때 얻어지는 것이니 김면희 시인은 진실로 행복한 사람이다.

3년 전, 평소 복도 하나를 사이에 두고 마주보는 사무실을 썼던 특별한 인연의 이현복 교수님께서 전화를 하셨다. 자신이 가르치고 있는 한 수필 스는 여자 분이 시를 배우고 싶어 하니 등단도 고려해주고 시도 가르쳐 주라는 부탁의 전화였다. 과연 소개로 오신 김면희 선생님은 과연 열정의 소유자였다. 그녀는 계간 <스토리문학>으로 등단했을 뿐만 아니라, 또다시 고려대학교 평생교육원 시창작과정에 등록해 지금도 2년째 전철을 몇 번씩 갈아타고 강의실을 찾아와 시창작강의를 듣는 열정을 보이고 있다. 김면희 시인이 도전해온 분야는 한 두 가지가 아니다. 그녀는 이미 서예와 민요를 배웠을 뿐만 아니라 보육교사 자격증 취득, 꽃꽂이 1급교사 자격증 취득, 동화구연지도자, 유아성장마사지사 2급에 요양보호사 자격증까지 취득하는 등 끊임없는 도전으로 왕성한 전성기를 구가하고 있다. 게다가 그녀는 현재 한국문인협회 회원, 한국스토리문인협회 회원, 솔향수필문우회 회원, 문학공원 동인 등으로 활발한 문학활동을 하고 있다.

단순히 그녀가 도전정신을 가지고 있기 때문에 두둔하려 것은 아니다. 아무리 많은 자격증을 취득하였다 할지라도 시인에게 있어서는 시적 완성도가 떨어진다면 시인과 독자로부터 사랑받을 수 없다. 시인은 오직 시로 말해야 한다. 나이나 부(富), 학력이나 덕(德)은 시인에게 있어 존경의 대상이 아니다. 오직 좋은 시를 써내야만 시인으로서 살아남을 수 있기 때문인데, 김면희 시인은 좋은 시를 쓰고 싶은 열망으로 가득 차 있다.

이상에서처럼 김면희 시인의 시 몇 수를 읽어보면서 그의 문학성과 인간미, 종교적 관점에 대하여 들여다보았다. 나는 김면희 시인이 평생을 살아오시면서 이렇듯 심오하고 깊은 문학적 감수성을 가질 수 있게 된 원인을 잘 알고 있다. 이토록 정이 넘치는 인간미를 가지게 된 이유도 알고 있다. 그것은 그녀가 평생 신앙을 가지고 공부하는 마음으로 살아왔기 때문이다. 봉사하는 마음으로 살아왔기 때문이다. 때문에 그녀가 끊임없이 도전해온 이 도전정신의 밑바탕에는 하나님께서 모두 뒤를 봐주시니 걱정 없이 행하리라는 자신감이 있기 때문이다. 나는 김면희 시인이 행하고 있는 일련의 도전은 학문의 최선이자 시정신의 본류라고 생각한다. 첫 시집의 상재를 진심으로 축하드린다.

국립중앙도서관 출판예정도서목록(CIP)

이 도서의 국립중앙도서관 출판예정도서목록(CIP)은 서지정보유통지원시스템 홈페이지(http://seoji.nl.go.kr)와 국가자료종합목록시스템(http://www.nl.go.kr/kolisnet)에서 이용하실 수 있습니다. (CIP제어번호 : CIP2019022619)

김면희 시집

달력의 이면

초판인쇄일 2019년 6월 13일
초판발행일 2019년 6월 19일

지은이 : 김면희
발행인 : 김순진
편집장 : 전하라
디자인 : 김초롱
펴낸곳 : 문학공원
등 록 : 2004년 3월 9일 제6-706호
주 소 : 우편번호 03382 서울 은평구 통일로 633
녹번오피스텔 501호 스토리문학사
전 화 : 02-2234-1666
팩 스 : 02-2236-1666
홈페이지 : http://cafe.daum.net/yob51
이메일 : 4615562@hanmail.net

※ 책값은 뒤표지에 있습니다.